이은태 목사의
재물 이야기

| 이은태 지음 |

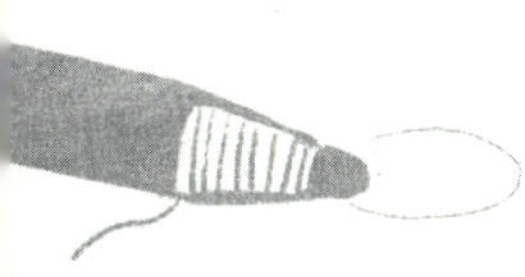

쿰란출판사

이은태 목사의
재물 이야기

_____ 님께

하나님은 당신을 통해 기적을 이루십니다.

_____ 드림

프롤로그

최근에 참 안타까운 일이 있었다. 한 금융 전문가가 여러 기독교 방송에 출연하여 그리스도인의 재정관에 대해서 방송을 하였고, 그뿐 아니라 많은 교회들에서도 집회를 하고 있다. 그 인기는 폭발적이다. 그를 신뢰하고 그의 방법을 따르는 그리스도인들이 갈수록 많아지고 있다. 심지어는 내 주위에도 그를 높이 평가하는 목회자들이 있다. 그의 강의는 주식이나 펀드 등을 지혜롭게 투자하여 물질의 풍요함을 누릴 수 있는 방법을 알려 주는 것이다.

참 기가 막히고 통탄할 일이다. 이 세상에서는 그 어떤 방법도 인간을 풍요롭게 만들어 주지 못한다. 환경을 주관하시는 하나님께서 환경을 바꿔 버리시면 망하지 않을 자가 없다. 물질의 주인은 하나님이시고, 우리를 부하게도 가난하게도 만드시는 분도 하나님이시다. 그런데 인간적인 방법으로 잘 먹고 잘 사는 법을 기독교 방송과 교회에서 전파하고 있다.

이 거짓된 가르침이 성도들을 파괴시키는 것을 보며 견딜 수가 없었다. 여러 신문에 글을 기고하기도 하고, 영상을 만들어 유튜브에 올리기도 했다. 어떻게 해서라도 이 악령의 역사를 막아 보려고 애를 썼으나 외국에 있는 나로서는 역부족이었다. 특별히 하나님으로부터 엄청난 물질의 축복을 받았기에 더욱더 물질을 주관하시는 하나님의 역사를 알리지 않고는 견딜 수가 없었다.

그런 내 마음을 보시고 하나님께서는 은혜를 베풀어 주셨다. 한 기독교 신문에 물질에 대한 칼럼을 고정적으로 쓰게 해주셨다. 그리고 책에 대한 뜨거운 열망도 주셨다. 이 책을 통하여 알리고자 하는 가장 중요한 메시지는 '하나님만이 우리의 삶을 책임져 주시는 분'이라는 사실이다. 우리에게 모든 것을 후히 주시고 부족함이 없도록 채워 주시는 하나님의 절대 불변의 물질의 법칙을 알리기 위해 이 책을 쓰게 되었다.

이 책을 쓰게 된 또 한 가지 이유는 나의 후손들에게 참된 축복의 길을 알려 주고 싶어서이다. 소위 그리스도인이라고 하면서도 세상의 법칙을 따라 사는 사람들이 너무 많다. 세상의 출세를 성공이라고 알고, 믿지 않는 자들과 똑같은 인생의 목적을 가지고 서로 경쟁하고 발버둥치며 살고 있다. 그래서 내 후손에게는 철저히 하나님의 방법대로 살도록 가르치고 싶다. 대를 이어 하나님만을 높여 드리고 하나님의 뜻대로만 살아서 하나님만이 주실 수 있는 참된 복을 이 땅에서 누리게 하고 싶다. 물질의 유산이 아닌 가장 귀중한 축복의 유산으로 이 책을 남겨 주고 싶다.

나와 일평생 동행해 주신 하나님께서 나의 자손들과도 세상 끝날까지 함께해 주시도록 가르치고 싶다.

먼저 이 책을 쓰도록 인도해 주신 하나님께 모든 영광을 올려 드린다. 이 책을 쓰면서 가장 두려웠던 것이, 혹시라도 나의 의로움을 드러내면 어쩌나 하는 것이었다. 내가 한 것은 아무것도 없다. 모든 것은 하나님이 하셨다. 이 책을 통하여 우리 하나님 한 분만 영광 받으시길 간절히 원하고 원한다.

"주 나의 하나님이여 내가 전심으로 주를 찬송하고 영원토록 주의 이름에 영광을 돌리오리니" 시 86:12

2022년 2월
지구 반대편 뉴질랜드에서
이은태

차례

프롤로그 _ 6

1. 두 다리 없는 걸인의 눈물 …………………………………… 15
2. 지하도 할머니의 축복의 외침 ………………………………… 18
3. 바누아투 한 할머니의 유언 …………………………………… 21
4. 3만 원의 기적 …………………………………………………… 26
5. 선교사 아내의 통곡 …………………………………………… 29
6. 장로가 된 소년 ………………………………………………… 34
7. 하늘의 선물, 1억 5천만 원 …………………………………… 38
8. 헌물로 바친 결혼반지 ………………………………………… 41
9. 결혼반지의 축복 ………………………………………………… 44
10. 교회 하나 세우시오 …………………………………………… 48
11. 탈북 소년의 간증 ……………………………………………… 51
12. 월드비전과 함께 ………………………………………………… 55
13. 선한 청지기 ……………………………………………………… 59
14. 4만 5천 원의 행복 ……………………………………………… 63
15. 하늘에서 온 카톡 ……………………………………………… 66
16. 밥은 굶지 마라 ………………………………………………… 71

17. 교민 지원금 ·· 75
18. 하늘문을 여시고 ··· 79
19. 지프(JEEP) 10대 ··· 83
20. 사탕수수밭 5만 평 ····································· 87
21. 3개월치 생활비 ·· 91
22. 하나님의 선물, 그림 같은 집 ···················· 94
23. 제발 허풍 좀 떨지 마세요 ························ 98
24. 실버데일에 땅을 사라(1) ························· 102
25. 실버데일에 땅을 사라(2) ························· 106
26. 11층 유리빌딩 ·· 109
27. 축복의 유산 ··· 113
28. 선교·영어 장학생 ···································· 116
29. 쓰나미의 통곡 ··· 120
30. 하나님의 때 ··· 124
31. 10억 신드롬 ··· 127
32. 영적 훈련소, 장학관 20채 ······················ 131
33. 뉴질랜드 최대 선교센터 ························· 135
34. 10층 피라미드 빌딩(1) ···························· 139
35. 10층 피라미드 빌딩(2) ···························· 143

36. 선한 일꾼을 찾습니다 …………………………………… 147
37. 수원 나눔센터 …………………………………………… 151
38. 간호사의 첫 월급 ………………………………………… 156
39. 낙심하지 말라 …………………………………………… 159
40. Are you God? …………………………………………… 163
41. 한 여인의 아픔 …………………………………………… 168
42. 선교사 아내의 죽음 ……………………………………… 171
43. 선교자금원, 쇼핑센터…………………………………… 174
44. 비즈니스 클래스 ………………………………………… 178
45. 소나타 타세요 …………………………………………… 181
46. 한 청년의 고난 …………………………………………… 185
47. 구제가 사라진 교회 ……………………………………… 190
48. 신학생의 결혼반지 ……………………………………… 193
49. 320만 달러의 축복……………………………………… 197
50. 유럽집회 ………………………………………………… 201
51. 방 하나 있소! …………………………………………… 204
52. 우까룸빠 성경번역센터 ………………………………… 208
53. 다니엘 크리스천 캠프장 ………………………………… 212
54. 특별기가 떴네요! ………………………………………… 217

55. 용서의 보상, 5천만 원 …………………………………… 222

56. 갑질의 횡포 ……………………………………………… 226

57. 기도원의 일꾼들 ………………………………………… 229

58. 돼지 저금통 ……………………………………………… 233

59. 똥 가방 …………………………………………………… 237

60. 주택 임대 사업 ………………………………………… 241

61. 천국 빵 공장 …………………………………………… 245

62. Good man, Good man! ………………………………… 250

63. 이른 비와 늦은 비의 기적 …………………………… 254

64. 못다 한 한마디 ………………………………………… 258

65. 선교지에서 온 편지 …………………………………… 262

66. 참된 헌금(1) …………………………………………… 267

67. 참된 헌금(2) …………………………………………… 271

68. 구제의 복 ……………………………………………… 276

69. 성경적 물질관 ………………………………………… 281

70. 나의 소망 ……………………………………………… 288

감사의 글 _ 292

1.
두 다리 없는 걸인의 눈물

나는 1980년대 후반에 잠시 강남의 부자 교회에 다닌 적이 있었다. 나는 가난한 사람들이 많이 살던 사근동에 살았는데 성수대교만 건너면 바로 강남의 대형 부자 교회가 있었다. 워낙 목사님의 설교가 유명해 그 교회에 잠시 다녔다. 재벌, 탤런트, 정치인 등 유명한 사람들이 주로 모인 교회였다.

그런데 매 주일 교회 입구 응달진 곳에 두 다리가 없는 40대 아저씨가 길바닥에 앉아서 찬송을 부르며 구걸을 하고 있었다. 오랜 기간 동안 유심히 지켜보았지만 돈을 주는 사람은 보기가 쉽지 않았다. 간혹 교회 목사님 설교 테이프를 올려놓고 가는 사람들이 있었다. 나는 당시 경제적으로 늘 빠듯했으나 그분을 외면할 수가 없어

매주 만 원씩을 꼭 드리고 왔다. 회사원인 나에게 결코 적은 돈이 아니었다.

몇 년간 그분을 늘 챙기다가 38세에 하나님의 인도하심을 따라 뉴질랜드에 신학 공부를 하러 가게 되었다. 떠나기 한 달 전에 10만 원을 봉투에 담아 그분에게 드리고 앞으로 나의 계획을 알려 드리려 했다. 그런데 그 주일에 보이지 않았다. 다음 주도, 그다음 주도 나오지 않으셨다. 내 마음은 초조해지기 시작했다. 만약 그분을 만나지 못하고 간다면 앞으로 얼마나 나를 기다릴까 생각하니 너무 마음이 아팠다. 이제 딱 한 주일의 기회밖에 없었다. 일주일 내내 하나님께 간절히 기도했다. 제발 그분을 꼭 만나고 갈 수 있게 해달라고….

떠나기 전 마지막 주일이 되었다. 설레는 마음으로 그분을 찾아갔으나 그날도 보이지 않았다. 그 참담함은 말로 할 수 없었다. 예배를 드리는 동안 내내 마음이 불편했다. 어떻게 해야 그분을 만나고 갈 수 있을까? 예배 내내 그분에 대한 생각을 떨칠 수가 없었다. 아마도 그 당시에 그렇게 간절히 기도한 적이 없었던 것 같다.

'주님 제발 제발 그분을 만나게 해주세요.'

예배 내내 눈물로 기도했다.

예배를 마치고 아픈 마음으로 교회를 나와 그분이 구걸하던 곳으로 발걸음을 재촉했다. 놀랍게도 멀리서 그분의 찬송 소리가 희미하게 들려왔다. 정신없이 달려갔다. 하나님께서 내 기도를 들어주셨다.

나는 그분의 두 손을 잡고 자초지종을 이야기했다. 이제 다시 만날 수 없을 거라고…. 그리고 준비한 봉투를 그분에게 건넸다. 그분은 한참 동안 내 손을 놓지 않았다. 그분의 눈에는 눈물이 흐르고 있었다. 그리고 울먹이며 내게 말했다. "제가 기도하겠습니다." 아직도 그 손의 온기가 느껴진다.

지금도 가끔 생각하게 된다. 하나님께서 그분의 기도를 들어주셨다고…. 오늘 이 뉴질랜드 땅의 기적은 그분의 눈물의 기도의 응답이라고….

"가난한 자를 불쌍히 여기는 것은 여호와께 꾸어 드리는 것이니 그의 선행을 그에게 갚아 주시리라" 잠 19:17

2. 지하도 할머니의 축복의 외침

잠시 한국을 방문했을 때 인터뷰를 위하여 한국일보를 찾았다. 지하철을 이용하여 안국역에 내려 지하도 계단을 급히 올라가고 있었다. 한겨울의 살을 에는 듯한 추위가 걸음을 재촉했다. 정신없이 계단을 오르는데 계단 중간 지점에 80대 할머니 한 분이 추위에 떨며 구걸을 하고 계셨다. 그분의 행색은 너무나 초라했고 그 얼굴에는 지난 세월이 얼마나 고통스러웠는지 짙은 흔적으로 남아 있었다. 나는 아무 말 없이 지갑을 열고 돈 몇 만 원을 드리고 발걸음을 급히 재촉했다. 기자를 만나 한참 동안 미팅을 한 후에 좀 여유로운 마음으로 다시 지하도 계단을 내려왔다.

시간이 꽤 지난 후였는데도 할머니는 그 자리에서 여전히 구걸을 하고 있었다. 그런데 할머니의 모습이 조금 내 마음을 불편하게 했다. 적어도 가장 불쌍한 모습, 가장 간절한 몸짓이어야 그나마 사람들이 도움의 손길을 내밀 텐데 이 할머니는 연신 담배를 빨며 보란 듯이 담배 연기를 내뿜고 있었다. 그래도 내가 조금 큰돈을 주었다고 생각했기에 그 모습을 보고 기분이 썩 좋지 않았다. 그래서 조용히 다가가서 조심스럽게 한마디 충고 아닌 충고를 했다.

"할머니! 이렇게 담배를 피우고 계시면 어쩝니까? 누가 이런 모습을 보고 돈을 주겠습니까?"

한편으로는 혹시라도 구걸을 제대로 못할까 하는 염려의 마음으로, 또 한편으로는 좀 진정으로 보이지 않는 모습을 탓하는 심정으로 이야기를 했다.

할머니는 내 말을 들으며 담배 연기로 깊은 고통의 숨을 몰아쉬었다. 눈물 고인 눈으로 한참 나를 쳐다보다가 어렵게 말을 시작하셨다.

"여보시오, 당신이 내 심정을 알기나 해요? 이렇게라도 숨을 쉬지 않으면 가슴이 막혀 숨을 쉴 수가 없소. 자식도 다 잃고 어디 있을 곳도 없는 내 심정을 당신이 어떻게 안단 말이오!"

잠시 망치로 맞은 것같이 멍했다. 너무 죄송하기도 하고, 몇 푼 도와줬다는 그 알량한 교만의 마음이 부끄러워 고개를 들 수 없었다. 잠시 마음을 추스르고 어떻게 해야 할머니의 마음에 조금이라도 위로가 될까 한참을 생각했다. 그리고 조심스럽게 위로의 말을 건넸다.

"할머니! 제가 그렇게 말씀을 드린 것은 할머니의 건강이 염려되어서입니다. 담배 피우시면 건강을 많이 해칩니다. 앞으로 건강을 위해서 피우지 마세요."

그러고는 조금이라도 마음에 위로가 되도록 다시 지갑을 열어 가진 돈을 전부 할머니에게 쥐어 드렸다. '건강하세요' 한마디를 남기고 안타까운 마음을 안고 발길을 돌렸다. 그런데 갑자기 내 뒤통수를 향하여 할머니의 외침이 울려 퍼졌다.

"복 받으시오, 복 많이 받으시오!"

할머니의 외침은 끝이 없었다. 내가 할머니의 시야에서 사라진 후에도 할머니의 외침은 계속 들려왔다.

> "가난한 사람을 학대하는 자는 그를 지으신 이를 멸시하는 자요 궁핍한 사람을 불쌍히 여기는 자는 주를 공경하는 자니라"
> 잠 14:31

3.
바누아투 한 할머니의 유언

　남태평양에 바누아투라는 83개의 섬들로 구성된 작은 섬나라가 있다. 오랫동안 영국과 프랑스의 식민지였고 인구는 약 30만 명 정도 된다. 경제적으로는 최빈국 중의 하나다.

　이곳에서 선교를 하는 목사님의 초청으로 몇몇 선교지를 방문하였다. 예상했던 것보다 바누아투 사람들의 삶은 더 피폐했다. 수도인 포트빌라라는 조그만 도시를 벗어나 10여 분만 차로 가면 산속 곳곳에서 선사시대 사람들의 삶으로 착각할 만큼 열악한 그들의 삶을 볼 수 있다. 움막을 짓고 주로 과일이나 나무뿌리 등을 캐서 주식으로 사용하고 있었다. 태풍이라도 한번 몰아치면 먹을 것이 없어 많은 고통을 당하곤 했다.

나는 그들을 돕기 위해 현지 선교사님과 함께 여러 프로젝트를 시작했다. 마을에 교회를 지어 주고, 조그만 교실들을 지어 교육을 받을 수 있도록 했다.

그곳의 마을과 마을 사이에 냇가들이 있는데, 비가 오면 물이 불어서 왕래가 불가능해 오랜 시간 고립된 삶을 살아야 하는 곳도 있었다. 500여 명이 사는 마을에서는 폭우가 한번 쏟아지면 물이 빠지기만을 며칠 동안 강 건너에서 기다리곤 했다. 매일매일 어린아이부터 노인들까지 머리에 큰 짐을 이고 힘겹게 강을 건너는 그분들을 보며 마음이 아팠다. 어떻게 하면 그곳에 다리를 만들어 줄 수 있을까 하는 간절한 소원이 생겼다. 다리 건설에 대한 아무런 지식도 없었으나 하나님께 간절히 지혜를 구하여 약 5개월 만에 아름다운 다리를 건설했다. 다리 개통일은 큰 축제였다. 전임 수상과 장관들이 와서 축사를 하고 함께 하나님께 예배를 올렸다.

마을에 세워준 다리

다리 오프닝 신문기사

이렇게 하나하나 그분들의 삶의 질을 높여 주기 위해 애를 쓰고 있는 나에게 충격적인 사건이 있었다. 어느 마을을 방문했을 때에 현지 선교사님이 그곳에 살던 한 할머니의 이야기를 들려주었다. 평생 극한 가난 속에 살다 돌아가신 할머니께서 죽기 전에 이런 유언을 하셨다고 했다.

"내가 죽기 전에 쌀밥 한번 먹고 죽는 것이 소원입니다."

이 말은 나에게 큰 충격이었다. 6·25 전쟁 직후 태어나 누구보다 배고픔을 겪어온 나에게 이 한마디의 말이 가슴에 맺혔다. 그날 이후 나는 어려운 이들에게 양식을 나누는 일에 온 마음을 기울이게 되었다. 매번 그곳을 방문할 때마다 쌀을 700포대 정도 싣고 마을이 있는 산속들을 찾아다녔다. 쌀 한 포대를 들고 행복해 하는 그분들의 모습을 잊을 수가 없다.

쌀을 받고 기뻐하는 바누아투 주민들

지금도 우리의 가장 큰 사역은 기아지역의 굶주린 분들에게 양식을 나누는 일이다.

'선한 일꾼을 찾습니다'라는 프로젝트를 통해 양식을 나누어 줄 현지 선교사님들을 찾아 그들과 함께 양식을 나누고 복음을 전하는 사역을 하고 있다.

현재 아프리카, 아시아, 중동 등 30여 곳이 넘는 기아지역과 난민수용소 등에 계속 양식을 보내고 있다. 육신의 양식을 통해 영원한 양식 되신 주님을 소개할 수 있는 이 일이 얼마나 복되고 감사한지 모른다.

> "주께서 이르시되 지혜 있고 진실한 청지기가 되어 주인에게 그 집 종들을 맡아 때를 따라 양식을 나누어 줄 자가 누구냐" 눅 12:42

바누아투에 세워진 예배당

4.
3만 원의 기적

1980년대 강남 삼성동 한국전력공사 본사에 근무할 때였다. 어느 날 회사 근처 교회에 현수막이 붙어 있었다. 영화로도 소개되었던 유명한 시각장애인 목사님의 간증집회 안내였다. 이미 이분의 영화를 통해서 너무나도 깊은 감명을 받았기에 기쁜 마음으로 집회에 참석했다. 시각장애인 목사님의 간증 시간 내내 눈물을 멈출 수가 없었다. 첫째는 그분을 통하여 역사하시는 하나님의 섭리에 깊은 감격이 있었고, 둘째는 나 같은 죄인에게 베풀어 주신 은혜가 너무 커서 감사의 눈물을 흘렸다.

집회를 마치고 나온 나에게 마음을 크게 짓누르는 것이 하나 있었다. 건강한 몸을 주신 하나님의 은혜에 보답하는 길은 시각장애인들을 돕는 일이라는 생각이 들었다. 당시 신입 직원이었던 나의 월급은 그리 많지 않았다. 거기에다 재형저축(주택부금)을 떼고 나면 간신히 한 달 한 달 버티는 상황이었다. 마음은 간절한데 현실이 따라주지 않아 안타까웠다.

그 당시 나는 태스크포스(Task Force) 팀에서 늘 늦게까지 야근을 하곤 했다. 그래서 부서에서 매달 월급 외에 3만 원씩을 특별수당으로 주었다. 3만 원을 받는 날이면 세상에서 가장 큰 부자가 된 것 같은 풍성함이 있었다. 그 당시 우리 가족은 잠실에 방 하나가 있는 7.5평 아파트에 세 들어 살고 있었다. 3만 원을 받는 날은 제대로 가장 구실을 하는 것 같은 뿌듯함이 있었다. 먼저 과일가게를 들러서 아내가 좋아하는 과일을 양손에 가득 사서 들고 가곤 했다. 그래서 늘 이날이 기다려졌다.

그런데 집회를 다녀온 뒤 3만 원을 받은 날, 마음에 많은 갈등이 있었다. 시각장애인들이 생각났다. 그러나 가족이 기뻐하는 모습을 보는 행복감을 버리고 싶지 않았다. 한참을 망설이다 시각장애인들을 위해 3만 원을 후원했다. 한동안 마음에 허전함이 있었다. 그러나 하나님께 간절히 기도했다. 앞으로 좀 더 많이 후원할 수 있게 해 달라고….

처음 3만 원을 후원한 뒤부터 내 마음에는 어떻게든 좀 더 많이 후원해야겠다는 간절함이 솟아났다. 하나님께서는 나의 간절한 바람대로 여러 가지 상황을 통해서 후원 금액을 늘려가도록 은혜를 베풀어 주셨다.

그리고 몇 년 뒤, 뉴질랜드에 유학을 가면서 앞으로 후원할 수 없을 상황을 생각하여 100만 원을 보냈다. 그 당시 유학을 떠나는 나에게 가장 큰 문제는 재정적인 문제였다. 아무 후원 없이 자비로 신학대학에 유학을 가는 나에게 100만 원은 적은 돈이 아니었다.

실제로 뉴질랜드에서 신학 공부를 하는 동안 재정 문제는 매일 내 마음에 큰 바위가 짓누르는 것 같은 고통을 주었다. 그러나 그런 상황 속에서도 언젠가 그들을 도와야 한다는 마음은 멈추지 않았다. 하나님은 나의 이 간절한 마음을 보시고 이 선한 일을 할 수 있도록 하늘문을 열어 주셨다.

지금까지 수억 원을 후원하게 하셨다. 그리고 한국을 떠나올 때 노후를 위하여 마련해 두었던 수원에 조그만 아파트가 재건축이 되어 고가의 아파트가 되었는데 이것도 시각장애인들을 위하여 기증할 수 있도록 은혜를 주셨다. 비록 물고기 두 마리와 보리떡 다섯 개 같은 3만 원이지만 이를 통하여 하나님은 기적을 보여 주셨다.

> "하나님이 능히 모든 은혜를 너희에게 넘치게 하시나니 이는 너희로 모든 일에 항상 모든 것이 넉넉하여 모든 착한 일을 넘치게 하게 하려 하심이라" **고후 9:8**

5.
선교사 아내의 통곡

바누아투에서 한 선교사 부부를 만났다. 처음 만난 사이인데도 그들은 우리를 집으로 초대했다. 조그만 집에 방 한 칸을 빌려 살고 있었다. 한눈에 보기에도 너무 초라한 삶이었다. 대화 중에 바누아투에 선교사로 오게 된 이야기를 들려주었다.

서울에서 오랫동안 목회를 했는데 여러 가지 견딜 수 없는 어려움이 있어 남편 목사님만 무작정 바누아투로 왔다. 혼자서 차도 없이 이곳저곳을 걸어 다니며 선교할 방법을 찾아다녔다. 참으로 막막했다. 그곳에 몇 안 되는 교민들이 조금씩 도움을 줬다. 자동차를 판매하는 한 교민이 오래된 중고 지프차도 하나 줬다.

사모님은 한국에서 몇 안 되는 교인들을 돌보다 결국 정리를 하고 바누아투에 합류를 했다. 고등학생과 대학생 형제를 한국에 두고 무작정 이곳으로 온 것이다. 구체적으로 교회에 어떤 어려움이 있었는지는 모르지만 견딜 수 없는 목회의 어려움이 있었던 것은 분명했다. 무작정 바누아투에 와서 선교를 하려 했으니 그분들이 겪었을 고통이 얼마나 컸을지 상상이 되었다. 가진 돈도 없고 언어도 통하지 않고 도와줄 인맥도 없는 상황에 얼마나 답답하고 괴로웠을지 마음이 아팠다. 더구나 아들 둘을 한국에 두고 왔으니 그 아픔은 오죽했겠나 싶어 참으로 안쓰러웠다. 하루하루가 얼마나 힘들고 고통스러웠는지, 사모님은 매일 바다에 앉아 통곡을 했다고 했다.

너무 마음이 아파 어떤 방법으로든 이들을 도와야겠다는 생각이 들었다. 우선 금전적으로 조금씩 후원하기 시작했다. 그리고 이분들의 사역을 조금씩 파악한 뒤로는 선교에 필요한 것들을 지원했다. 선교에 사용할 양식들을 보내 주고 성경책과 필요한 것들을 공급했

원주민 쌀 나눔

다. 그리고 공짜로 얻어 타는 지프차가 수시로 고장이 나서 많은 어려움을 겪고 있어 새 차 같은 스타렉스를 구입해 주었다. 그때 마침 한국으로 돌아가는 교민이 구입한 지 얼마 안 된 차를 판다고 해서 좋은 차를 구입할 수 있었다.

또 각 마을을 함께 찾아다니며 양식을 나누고 그들의 필요를 채워 주었다. 예배당이 없는 곳에는 예배당을 지어 주고, 다리가 없는 곳에는 다리를 세워 주었다. 그리고 사역이 조금씩 자리를 잡아 가면서 거주할 사택을 너무 짓고 싶어 했다. 힘이 되는 대로 도와서 아름다운 사택도 장만하였다.

선교사 부부는 무엇보다 한국에 두고 온 두 아들 걱정이 컸다. 그래서 두 아들 모두 우리 학교로 데려와 영어 연수와 신앙 훈련을 시

원주민에게 말씀 증거

선교·영어 장학생들의 전도 공연

켜 주었다. 공부하는 동안 서로 만날 수 있도록 두 분을 뉴질랜드로 초청해서 함께 안식을 취하도록 해주었다. 그리고 아들이 함께 하는 선교팀을 만들어 바누아투의 선교를 돕도록 지원도 했다.

몇 년의 시간이 흘러 선교사 부부는 바누아투에 확실한 선교 기반을 마련했다. 아름답고 큰 선교센터도 지었다. 하나님의 역사는 참으로 오묘하다. 일면일식도 없

원주민들과 함께

었던 선교사 부부를 만나게 하시고 이렇게 놀라운 선교의 역사를 이루게 하셨다.

하나님은 바울이 다메섹 도상에서 예수님을 영접하고 난 뒤, 유대인의 사회에서도 핍박을 받고 그리스도인들로부터도 불신을 받는 어려운 처지에 있을 때에, 바나바라는 믿음의 사람을 보내서 오늘의 바울이 있게 하셨다. 언제나 모든 것이 합력하여 선을 이루도록 역사하시는 좋으신 우리 하나님을 온 마음을 다하여 찬양한다.

"우리가 알거니와 하나님을 사랑하는 자 곧 그의 뜻대로 부르심을 입은 자들에게는 모든 것이 합력하여 선을 이루느니라"
롬 8:28

6.
장로가 된 소년

우리나라의 1970년대는 경제적으로 매우 어렵던 시절이었다. 살길을 찾아 무작정 서울로 오는 행렬이 끊이지 않았다. 내가 살던 군자동 강 건너 답십리 둑방에는 판자촌이 끝없이 들어서 있었다. 우리 가족 역시 무작정 상경하여 월 3천 원짜리 방 한 칸에 일곱 명이 세들어 살았다. 참 많이도 어렵고 암울한 시기였다.

나는 살림이 어려워 바로 학교에 들어가지 못하고 1년을 꿇은 후에야 중학교 2학년으로 전학할 수 있었다. 비록 경제적으로는 매우 어려운 시기였으나 우리 가족들은 참 열심히 하나님을 섬겼다. 나는 중학교 2학년 때 이미 주일학교 교사를 했고, 한겨울에도 열심히 새벽기도를 다녔다.

내가 다니던 교회는 몇십 명 모이지 않는 조그만 개척 교회였다. 그 교회에서 한 소년을 알게 되었고 아주 가까운 사이가 되었다. 그는 심한 관절염으로 거동이 불편했고 가정 형편이 어려워 학교도 다니지 못했다. 어느 날엔가 그 친구의 집을 방문하고 충격을 받았다. 하루 종일 어두컴컴한 초라한 방에서 관절염으로 휘어진 손가락으로 공장에서 받아온 부품들을 조립하고 개당 몇 원씩 받고 있었다. 하루 종일 일을 해도 몇 푼 되지 않았다. 어린 나이에 가장 노릇을 하고 있었다.

그 모습을 본 뒤로는 내 마음이 편하지가 않았다. '어떻게 하면 친구를 도와줄 수 있을까' 그 생각밖에 없었다. 그 당시 우리 가족의 삶도 하루 벌어 하루 살아가는 어려운 상황이었고, 남을 돕는다는 생각조차도 할 수 없었던 어려운 처지였다. 나의 이 간절한 마음을 하나님은 아시고 아주 특별한 지혜를 주셨다.

친구에게는 특별한 재능이 있었다. 나무를 파서 아름답게 만드는 재능이었다. 그 당시 우리 아버지는 조그만 시장 상가에 가게를 얻어 부동산 소개업을 하셨는데, 그 가게 안에 도장을 파는 분이 함께 일하고 계셨다. 만약 친구가 도장 파는 기술을 배울 수만 있다면 밥 걱정은 안 할 수 있을 것 같았다. 그래서 아버지에게 친구의 어려운 사정을 말씀드리고 도장 파는 분에게 기술을 배울 수 있게 해달라고 간절히 부탁을 드렸다. 참 감사하게도 도장 파는 분과 이야기가 잘 되어 도장 파는 기술을 배우게 되었다.

기대했던 대로 친구는 빠른 시간에 기술을 습득했다. 그리고 놀랍게도 얼마 후 도장 파는 분이 다른 곳으로 옮겨가게 되었다. 나는 그 빈자리에 이 친구가 도장 일을 하게 해달라고 아버지에게 간곡히 부탁을 했다. 원래 계시던 분은 약간의 세를 내고 있었지만 내 친구는 그럴 형편이 안 되니, 아버지도 어려운 처지에 있는 터라 고민하지 않을 수 없었던 것 같았다. 앞으로 잘되면 반드시 가게세를 낼 수 있을 것이라는 나의 간곡한 설득에 도장 일을 하도록 허락해 주셨다.

일을 시작할 수 있게 되자 새로운 문제가 생겼다. 이 일을 시작하려면 최소한 장비와 다양한 종류의 도장들이 있어야 하는데 이것을 준비할 어떤 방법도 없었다. 그때 마침 내 수중에 부모님으로부터 받은 한 학기 기성회비(학비) 2만 5천 원이 있었다. 많이 두렵고 갈등이 되었으나 이 돈으로 필요한 최소의 것들을 준비하여 도장 일을 시작하게 하였다.

시작은 참으로 미약하였으나 얼마 되지 않아 안정적으로 자리를 잡았다. 그 후 사업이 잘되어 자기 가게를 얻어 어엿한 인쇄소 사장이 되었다. 아무런 소망이 없었던 이 친구는 후일에 아름다운 아내와 결혼하여 자식도 얻고 남부럽지 않은 삶을 살게 되었다. 오랜 시간이 흘러 이 친구를 만났는데, 이제 장로가 되어 열심히 교회를 섬기며 주님 안에 복된 삶을 살고 있었다.

"누가 이 세상의 재물을 가지고 형제의 궁핍함을 보고도 도와줄 마음을 닫으면 하나님의 사랑이 어찌 그 속에 거하겠느냐"

요일 3:17

7.
하늘의 선물, 1억 5천만 원

코로나의 여파로 전 세계인이 고통을 겪고 있다. 그중에 더욱 큰 고통을 겪고 있는 이들이 선교사라고 생각된다. 잠시 한국을 방문했다가 선교지 봉쇄로 오도 가도 못하는 분, 몸이 아파서 혹은 선교지에서 더 이상 머무를 상황이 되질 못해서 한국에 머무는 분 등, 여러 가지 사정으로 한국에 머물고 있는 분들이 많다. 선교사들은 삶의 터전이 이곳이 아니므로 당장 머물 곳을 찾기도 쉽지 않고, 더구나 코로나로 어려워져 후원을 끊는 교회들이 늘어나고 있다.

이분들을 돕기 위해 우선 수원 나눔센터에 선교관을 마련하여 몇 분의 선교사를 모셨다. 그리고 물질적으로 약간의 도움이라도 드리고 싶어 우리 카톡 단체방에 후원금 지급 계획을 공지했다. 1인당

100만 원씩, 30명에게 3천만 원 후원을 계획하였다.

그런데 공지를 올리자마자 예상 밖에 너무나 많은 선교사님들이 신청을 했다. 무려 700여 분이 신청을 했다. 너무나 안타까웠다. 이미 여러 곳에 후원을 하고 있는 터라 후원금을 늘리기가 쉽지가 않았다. 어떻게 하면 좀 더 많은 분들에게 도움을 드릴 수 있을까 생각하다, 우리에게 모든 것을 후히 주시는 하나님의 능력을 믿고 1억으로 100명에게 지원하기로 결단하였다.

여기저기서 돈을 끌어모아 후원 대상자를 선별하고 있을 때 뜻밖의 카톡 하나가 왔다. 우리 학교를 거쳐간 자매와 자매의 남편이 지금은 의사로 활동하고 있는데, 전날 갑자기 이곳에 후원하고 싶은 간절한 마음이 생겨 5천만 원을 보낸다는 내용이었다.

이 카톡을 받고 한참 동안 목이 메었다. 필요에 따라 즉각 응답해 주시는 하나님의 은혜가 너무 감격스러웠고, 거액의 돈을 한 치의 망설임 없이 보내 준 부부(한경식·엄미라 집사)의 아름다운 마음이 너무 고마웠기 때문이다. 조용히 눈을 감고 이 부부에게 한없는 복을 내려 달라고 간절히 기도했다. 그

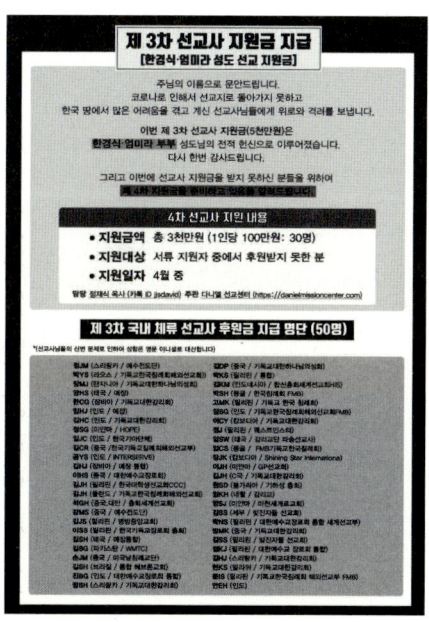

선교사 지원금 포스터

래서 당초 예상보다 많은 150명 선교사분들에게 100만 원씩 후원금을 보낼 수 있었다.

우선 병으로 고생하시는 분들을 선발하고, 나머지 인원은 하나님의 손에 맡겼다. 예수님의 제자들이 가룟 유다의 자리에 새로운 제자 맛디아를 선출할 때 제비를 뽑았듯이 우리 사역자들이 모두 모여 간절히 기도하고 제비를 뽑아 후원 대상자를 선별했다. 이번에 지원되지 못한 선교사들에게는 다음의 기회를 기대하며 우선 150분에게 지원을 했다. 많은 선교사분들의 감사의 답글이 왔다.

특별히 한 선교사님의 답글이 가슴에 남는다. 많은 사람들이 왜 선교지에 있지 않고 한국에 있느냐고 비난하는 중에 우리의 아픔을 알고 생각해 주는 마음 하나만으로도 너무나 감사하고 눈물이 난다고….

오직 감사를 받으실 분은 하나님 한 분이시다. 이 귀한 나눔에 동참하게 하신 하나님께 크게 영광을 돌렸다.

> "선지자의 이름으로 선지자를 영접하는 자는 선지자의 상을 받을 것이요 의인의 이름으로 의인을 영접하는 자는 의인의 상을 받을 것이요" 마 10:41

8.
헌물로 바친 결혼반지

1980년대 신혼 초에 잠실의 한 교회에 다녔다. 우리 교회는 강남 허허벌판에 교회 건물만 덩그러니 있었고 교회로 가는 길은 비포장도로였기에 비가 오는 날이면 장화를 신지 않고는 갈 수 없을 정도였다.

그 당시 잠실은 사방에 개발이 진행되고 있었다. 강남 개발 붐을 타고 주변에 아파트들이 들어서고 많은 사람들이 교회로 몰려왔다. 교회는 늘어나는 교인들을 받아들이기 위해 다시 교회 건축을 시작했다. 모두들 마음을 담아 건축헌금을 작정했다.

당시 우리 가족은 있을 곳이 없어 아내의 할머니 집 창고로 쓰던 다락방에 거주하고 있었다. 모두들 하나님의 성전을 짓는다고 마음을 다해 건축헌금을 하는데 우리도 참여하고 싶은 마음이 간절했다. 그러나 그 당시 월급 28만 원을 받았던 나로서는 큰돈을 작정할 수가 없었다. 아내와 의논하여 50만 원을 작정했다. 작정 헌금을 할 시간이 다가왔지만 도저히 그 돈을 마련할 수가 없었다.

당시 우리 집에는 약간의 금붙이가 있었다. 결혼반지와 아들의 돌반지 몇 개였다. 대부분 결혼반지로 비싼 다이아몬드 반지를 하던 때였으나 가진 것이 없던 나는 2돈짜리 금반지로 결혼반지를 대신했다. 아내와 나는 건축헌금을 위해 결혼반지와 아들의 돌반지를 전부 팔기로 작정했다. 팔고 나니 다행히 약 50만 원이 되었다. 기쁜 마음으로 건축헌금을 하였다.

남들은 어떻게 생각할지 모르나 우리는 결혼반지에 큰 의미를 두지 않았다. 반지보다 사랑하는 마음이 중요했기 때문이다. 나는 체질상 반지를 끼는 것이 불편하여 늘 집에 두고 다녔다. 오히려 집에 금붙이를 두고 다니는 것이 도난의 문제도 있고 해서 팔고 나니 마음이 편했다. 이것이 하나님의 성전을 짓는 곳에 쓰인다고 하니 더욱 감격스러웠다.

한때 뉴질랜드에 있는 중국 교회에 초청을 받아 가서 집회를 한 적이 있었다. 하나님이 베푸신 기적의 일들과 내 삶의 이야기를 간증했다. 담임목사님께서 예배 후에 강사와 교인들과의 대화 시간을 마련해 주었다. 신앙과 관련된 여러 가지 질문에 답을 해주었는데 한 중년 여인이 심각한 얼굴로 물었다. 어떻게 결혼반지를 팔아 헌금을 할 수 있냐고, 본인은 도저히 이해할 수가 없다는 것이었다. 아마도 그렇게 생각하는 사람이 많을 것이다.

그러나 하나님의 자녀라면 당연히 하나님을 기쁘시게 해드리는 것이 가장 우선이 되어야 한다. 신앙은 바로 우선순위의 문제이다. 우리에게 하나님을 기쁘시게 하는 것보다 그 어떤 것이 우선되어서는 안 된다.

나는 일생 동안 이 우선순위를 지키려고 애써 왔다. 하나님은 물질보다, 명예보다, 세상의 그 어떤 것보다 하나님을 제일 사랑하기를 원하신다. 그것이 바로 우리가 복되는 길이고 존귀해지는 길이기 때문이다. 나는 평생 이 진리를 믿고 체험하며 살아왔다. 이렇게 우선순위를 지키고 살아갈 때에 하나님께서는 내 삶 전체를 통하여 인간의 머리로 상상조차 할 수 없는 신령한 복으로 채워 주셨다.

> "오직 너희를 위하여 보물을 하늘에 쌓아 두라 거기는 좀이나 동록이 해하지 못하며 도둑이 구멍을 뚫지도 못하고 도둑질도 못하느니라" 마 6:20

9.
결혼반지의 축복

하나님은 공의의 하나님이시다. 반드시 심은 대로 갚아 주신다. 세상은 아무리 심어도 반드시 거둔다는 법칙이 적용되지 않는다. 많은 사람들이 주식에, 코인에, 혹은 여러 가지 사업에 투자하지만 사실 투자한 대로 수익을 다 올리지는 못한다. 오히려 수익을 얻는 사람보다 망하는 사람이 더 많다. 세상의 모든 것은 환경에 종속되어 있기 때문이다. 상황이 바뀌면 한순간에 망하기도 한다. 보라! 코로나로 일평생 쌓아놓은 것을 잃은 사람이 얼마나 많은가? 그러나 하나님의 법칙에 따라 심은 자는 반드시 거두게 된다. 하나님께서 환경을 주관하시기 때문이다. 하나님의 법칙은 시공간을 초월하여 언제나 이루어지는 불변의 진리이다.

나는 교회 건축을 위하여 기쁨으로 결혼반지를 팔았다. 하나님의 보상을 바라고 한 것은 절대 아니었다. 베풀어 주신 하나님의 은혜가 너무 커서 자원해서 기쁨으로 했다. 그러나 하나님은 그것을 그냥 넘기지 않으셨다. 이 작은 결혼반지를 얼마나 기쁘게 받으셨는지 상상할 수 없는 복으로 갚아 주셨다.

나는 결혼 후에 조그만 바람이 있었다. 17평 아파트와 소형 중고차 하나를 가지는 것이었다. 이것만 이루어진다면 더 이상 바랄 것이 없었다. 사실 이러한 바람도 현실적인 내 경제 사정으로는 이루어지기 어려운 꿈일 뿐이었다. 그러나 하나님은 내 바람보다 훨씬 더 크게 갚아 주셨다.

어느 날 회사에서 한 친구가 이야기했다. 노조에서 사원주택조합을 결성하여 아파트 분양을 한다는 것이다. 그 당시 아파트 분양은 남의 이야기로만 여겨졌다. 내가 가진 것이 없었기 때문이다. 그런데 왠지 한번 알아보고 싶은 강한 마음이 들어서 조합을 방문했다. 거의 마감이 되었고 몇 자리만 남아있었다. 20평 아파트를 계산해 보니 주택부금을 깨고 은행에 융자를 받고 또 처가에 조금 융통을 하면 간신히 될 것 같기도 했다.

마음이 급해서 우선 계약금 30만 원을 예치했다. 그리고 집에 와서 조심스럽게 아내에게 이야기를 했다. 아내는 우리 형편에 어떻게 아파트를 장만하냐면서 계약금 30만 원을 날렸다고 펄쩍 뛰었다. 또 절대로 어른들에게 돈을 빌릴 수 없다고 했다.

나는 밤새 아내를 설득했다. 하나님께서 주신 기회임이 분명한데, 이번에 기회를 놓치면 우리 집을 장만할 기회는 다시 오지 않을 것이라고 했다. 다행히 아내가 마음을 돌려 주어서 순조롭게 진행되는가 했더니 기가 막힌 일이 일어났다. 20평 아파트는 지원자가 적어 취소되고 28평 아파트를 분양받아야 한다는 것이다. 눈앞이 캄캄했다. 유일한 방법은 당첨이 되는 즉시 팔고 차액으로 작고 낡은 아파트를 구입하는 것이었다.

드디어 동호수 추첨하는 날이 되었다. 정말 간절하게 기도했다. 좋은 층을 받아야 제값을 받고 팔 수 있었기 때문이다. 그러나 나의 간절한 기도에도 불구하고 가장 나쁜 1층에 당첨이 되었다. 그때 그 참담함은 말로 다할 수 없었다. 나의 생각은 여기까지였다.

그러나 하나님의 역사는 정말 놀라웠다. 1층은 입지가 좋지 않다고 엄청난 금액을 할인해 주어 20평 금액으로 분양을 받을 수 있었다. 내 돈이라곤 주택부금 해지한 단돈 500만 원이 전부였다. 꿈에 그리던 내 집을 주셨다. 몇 년 동안 꿈 같은 삶을 살았다. 그동안 88올림픽이 진행되면서 아파트 값이 무려 4배나 폭등했다.

뉴질랜드에 유학을 오게 되어 아파트를 처분할 때도 하나님의 역사가 있었다. 가장 팔기 어려운 층이었으나 한 노부부가 계속 찾아와서 우리 집만 사겠다고 했다. 가격은 원하는 대로 주겠다면서 매일 찾아왔다. 참으로 놀라운 일이었다. 당시 가장 좋았던 로열층보다 비싼 1억 2,500만 원에 아파트가 팔렸다. 그 당시 우리 집 매매는 반상회의 톱 주제가 되었다. 한 이웃 아주머니가 말했다.

"저 집에는 하나님이 있잖아!"

하나님은 이 아파트를 통해서 뉴질랜드 유학 비용을 마련해 주셨다.

> "네 하나님 여호와를 기억하라 그가 네게 재물 얻을 능력을 주셨음이라 이같이 하심은 네 조상들에게 맹세하신 언약을 오늘과 같이 이루려 하심이니라" 신 8:18

10.
교회 하나 세우시오

　나는 1년에 두세 차례 집회차 한국을 방문한다. 한국에 갈 때면 항상 분당에 머무른다. 우리 집 옆에는 율동공원이 있어 시간이 날 때마다 산책을 하곤 한다. 율동공원을 돌다 보면 늘 공원 끝자락에 나이가 드신 할머니들이 대여섯 분 모여 집에서 재배한 채소들을 늘어놓고 팔았다. 특히 한겨울에 맨땅에 앉아 채소를 파는 모습을 보면 매우 안쓰러웠다. 하루 종일 팔아도 얼마 되지 않아 보였다.

　할머니들에게 조금이라도 도움이 되도록 모든 분들에게서 조금씩 구입을 했다. 돈을 그냥 드리고 싶어도 혹시 마음을 상하게 할까 염려가 되어 채소 1~2천 원씩 구입하고 만 원을 건넸다. 처음에는 이 상황을 의아해하시고 어려워했으나 시간이 흐르면서 이제는 할머니들도 내가 오기를 기다리고 반가워하셨다. 그래서 율동공원을 돌고 나면 항상 내 손에는 여러 채소들이 가득했다.

구입한 채소가 많다 보니 모두 처리할 방법이 없어 이웃에 있는 처제 집에 갖다 주었다. 처음에는 반갑게 받아가던 처제가 어느 날부터는 난색을 하고 더 이상 가져오지 말라고 했다. 처제 역시 너무 많아 처리가 어렵다는 것이다. 더 가져오면 다 버려야 하니 제발 그만 가져오라고 했다. 그래서 다음부터는 채소를 아파트 경비 일을 하는 분들에게 골고루 나누어 드렸다.

율동공원을 1년에 몇 차례 찾다 보니 할머니들이 오랜만에 만나면 반가워하며 왜 그동안 안 보였냐고 묻곤 했다. 나는 뉴질랜드에 살고 있는 목사이고 1년에 몇 차례 방문한다고 자초지종을 이야기했다. 그 이후로는 멀리서 내가 보이면 목사님이라고 소리치곤 했다.

어느 날 여느 때처럼 채소를 구입하는데 할머니들이 이구동성 이렇게 이야기를 했다.

"이곳에 교회 하나 세우시오. 우리가 다 갈 겁니다."

반가운 소리였다.

나는 한국을 방문하면 제일 먼저 은행에 가서 만 원권 지폐 수백 장을 준비한다. 언제 어디서나 도움을 청하는 어려운 분들에게 주기 위함이다. 그리고 매일 저녁 1시간 정도 걸어서 길에서 노점상을 하는 분들의 물건을 구입한다. 동일하게 몇 천 원어치 물건을 사고 늘 만 원을 주고 온다. 한결같이 기뻐하신다.

이렇게 하는 이유는 이것이 나에게 큰 기쁨이기 때문이다. 하나님의 말씀을 따라 어려운 이를 도울 때에 세상에서 얻을 수 없는 신령한 기쁨을 누리게 된다. 나는 항상 구제의 주머니를 따로 준비한다.

> "너희 소유를 팔아 구제하여 낡아지지 아니하는 배낭을 만들라 곧 하늘에 둔 바 다함이 없는 보물이니 거기는 도둑도 가까이 하는 일이 없고 좀도 먹는 일이 없느니라" **눅 12:33**

특별히 외국을 방문할 때도 출국 전에 그 나라의 돈을 환전한다. 그곳에서 구걸하는 이들에게 주기 위함이다.

구제는 일회성의 행사가 아니라 삶이 되어야 한다. 해도 되고 안 해도 되는 것이 아니라 반드시 해야 하는 의무이며, 또한 하나님의 복을 받는 지름길이다.

> "너는 반드시 그에게 줄 것이요, 줄 때에는 아끼는 마음을 품지 말 것이니라 이로 말미암아 네 하나님 여호와께서 네가 하는 모든 일과 네 손이 닿는 모든 일에 네게 복을 주시리라" **신 15:10**

11.
탈북 소년의 간증

북한에서 1994~1999년에 대기근이 있었다. 소위 '고난의 행군'이라 불렸던 이 기근 때에 어림잡아 약 200만 명 이상이 아사(餓死)한 것으로 추정된다. 연일 이들의 비참한 상황이 방송을 통해 보도되었다. 방송 중에서 아직도 잊히지 않는 가슴 아픈 장면이 있다.

북한 강변에 한 젊은 어머니가 아이를 안고 있었다. 아이는 계속 배가 고파 우는 것 같았다. 젖을 물려 보지만 젖이 나오지 않는지 아이는 다시 심하게 울어 댔다. 아이를 껴안고 어떻게든 달래 보려던 엄마가 갑자기 아이를 옆에 내려놓고 구토를 하기 시작했다. 배를 채우기 위해 풀을 먹었는데 아마도 그것이 독초인 것 같다고 해설자가 설명을 했다. 잠시 뒤 엄마는 아기 곁에 조용히 숨을 거두었다. 이 장면을 본 뒤로 며칠 동안 잠을 제대로 잘 수가 없었다. 어떻게 하면 저들을 도울 수 있을까 하는 생각이 마음에서 떠나지 않았다.

고난의 행군 이후 생명을 걸고 탈북하여 한국으로 들어오는 북한 주민들이 많았다. 그래서 집회차 한국에 나갈 때면 북한 주민들을 돌보는 교회나 단체를 찾아다녔다. 소정의 후원금을 전달하고, 특별히 청년들은 뉴질랜드에 있는 우리 학교로 데려와 영어 연수와 신앙 훈련을 시켰다.

그러던 중 탈북 학생들을 교육시키는 좋은 학교가 있음을 알게 되었다. 남산 자락에 있는 '여명'이란 학교이다. 100명 남짓한 학생들이 신앙 안에서 정규 교육을 받고 대학을 가는 곳이다. 모든 교직원들이 신앙 안에서 사랑으로 학생들을 잘 돌보고 있었다. 그때부터 이곳에 특별한 애정을 가지고 한국을 방문할 때면 반드시 찾아

여명학생들과 예배드리는 장면

가서 말씀을 전하였다. 그리고 아이들을 위하여 출장 뷔페를 준비하여 배불리 먹게 했다. 또 전교생에게 후원금을 전달했다. 그 후로 우수 장학금과 고아를 위한 생활 지원금을 매달 30여 명에게 지급하고 있다. 매년 초가 되면 대학을 간 아이들이 감사의 편지를 가득 보내오고 있다.

탈북 청소년 지원금 포스터

지난번 방문했을 때에 한 학생의 간증을 들었다. 그는 하나님을 믿지 않았다고 했다. 어렵게 아르바이트를 하며 살아가는데, 그달 집세를 낼 수 없어 깊은 절망 속에서 처음으로 하나님께 기도를 했다고 했다.

"만약 하나님이 살아 계시면 이번 달 집세를 해결해 주세요. 그러면 제가 하나님을 믿겠습니다."

그런데 놀랍게도 그날 내가 학교에서 나누어 준 후원금을 받아 집세를 해결할 수 있었다는 것이다. 그 일 이후로 하나님을 믿기로 했다고 간증을 했다. 참으로 감동적인 고백이었다.

요즘 부모 밑에서 살아가는 남한 청년들도 살아가기가 어려운 현실인데 고아로 이곳에 온 아이들이 어떻게 살아갈까 생각하면 늘 마음이 아팠다. 그래서 지난번부터 한국을 가면 여명을 졸업하고 대학을 다니는 아이들을 만나 고깃집에서 배불리 먹이고 후원금을 지급하고 있다. 그리고 이 땅에서 그들을 지켜 주실 분은 하나님 한 분밖에 없음을 마음속 깊이 심어 주고 있다.

"네 하나님 여호와께서 네게 주신 땅 어느 성읍에서든지 가난한 형제가 너와 함께 거주하거든 그 가난한 형제에게 네 마음을 완악하게 하지 말며 네 손을 움켜 쥐지 말고 반드시 네 손을 그에게 펴서 그에게 필요한 대로 쓸 것을 넉넉히 꾸어주라" 신 15:7-8

12. 월드비전과 함께

　월드비전은 1950년 한국전쟁 당시 설립되었으며, 현재는 전 세계 100여 개국에서 1억 명의 지구촌 이웃들을 돕는 세계 최대 규모의 국제구호개발 NGO이다. 월드비전은 어린이를 향한 한 사람의 사랑에서 시작되었다. 한국전쟁에 참여했던 밥 피어스(Bob Pierce) 목사는 거리에서 죽어가는 수많은 어린 생명들을 보면서 그 생명들을 살릴 수 있는 전문 구호기관을 만들어야겠다고 결심했다. 그는 미국에 돌아가 1950년, 미국 오리건주 포틀랜드에 사무실을 열고 교회를 중심으로 모금을 시작했다. 그리고 한경직 목사와 함께 한국의 전쟁고아들과 남편 잃은 부인들을 돕기 시작했다. 이것이 월드비전의 시작이었다.

아프리카 식량 지원

 전 세계에 수많은 어려운 사람을 돕기 위해 여러 구호단체가 활동을 하고 있다. 우리도 힘이 닿는 대로 여러 기관에 후원을 하고 있으나 월드비전은 나에게 더 특별하다. 왜냐하면 6·25 전쟁 때 우리 민족을 돕기 위해서 시작된 기관이기 때문이다. 우리가 도움을 받았으니 이제는 그 은혜를 갚아야 한다는 마음이 늘 있었다. 그래서 뉴질랜드에서 신학을 공부할 때에 어려운 상황이지만 어린이 3명을 돕는 것부터 시작하였다. 그 후로 하나님의 은혜로 점차 인원을 늘려 매달 약 200명의 어린이를 지원할 수 있었다. 아마도 뉴질랜드에서 우리가 가장 크게 지원을 하고 있는 것으로 알고 있다. 한동안 이 정도면 충분히 하고 있다는 만족감에 젖어 있었다.

 그런데 지난 몇 년간 코로나로 인해서 전 세계 경제가 무너지고, 최근에 시리아와 아프가니스탄 내전 등으로 엄청난 전쟁난민과 기아난민이 쏟아져 나온 것을 뉴스를 통해 보았다. 굶주린 자들의 울부짖음이 귓가에 생생히 들리는 것 같았다.

이러한 때에 누군가는 이 가난한 자들을 돌보아야만 한다. 여유가 될 때 돕겠다고 생각하면 절대 돕지 못한다. 어려울수록 더 어려운 자들을 생각하고 나누어야 한다.

지혜로운 농부는 흉년이 들면 더 허리띠를 졸라매고 씨를 뿌린다. 그래야 내년에 양식을 얻기 때문이다. 지금 배고프다고 씨까지 먹어 버리면 소망이 없다. 시편의 말씀처럼 눈물로 씨를 뿌려야 기쁨으로 단을 거둘 수 있다.

코로나는 우리에게도 많은 어려움을 주었다. 빌딩과 쇼핑몰의 세입자들이 봉쇄 기간 동안 임대료를 제대로 내지 않았다. 한 치 앞도 내다볼 수 없는 어려운 상황이지만 이때 우리가 행동하지 않으면 안 된다는 절박한 마음이 들었다. 그래서 월드비전 담당자에게 연락을 했다. 우리가 후원금을 2배로 올리겠다고…. 모두들 감격했다. 1년에 12만 달러(약 1억)를 지원하기로 했다. 월드

지원금 포스터

비전으로부터 지난해 후원 결과를 알리는 아름다운 편지가 왔다.

THANK YOU! In the last year, you've also helped 7,767 other malnourished children. (지난 한 해 당신의 후원으로 7,767명의 영양실조 아이들을 먹였습니다.)

"또 누구든지 제자의 이름으로 이 작은 자 중 하나에게 냉수 한 그릇이라도 주는 자는 내가 진실로 너희에게 이르노니 그 사람이 결단코 상을 잃지 아니하리라 하시니라" 마 10:42

기아지역 양식 나눔

13.
선한 청지기

대부분 사람들의 관심사는 돈이다. 어떻게 보면 일평생 돈을 쫓아 산다고 해도 과언이 아니다. 그만큼 돈이 우리 인생에 미치는 영향은 대단하다. 학과를 선택할 때도, 직장을 선택할 때도, 심지어 배우자를 선택할 때도 돈이 선택 기준이 되기도 한다.

돈은 우리 삶에 없어서는 안 될 필수적인 것이다. 어느 누구도 돈을 무시할 수 없다. 돈이 있어야 구제도 하고 선교도 할 수 있다. 하나님이 주시는 물질은 큰 복임이 분명하다. 누구도 물질을 죄악시해서는 안 된다. 돈의 힘은 가히 놀랍다. 인생의 미래를 바꾸기도 하고 인격을 변화시키기도 한다. 돈 앞에 사랑도 의리도 인간성도, 나아가서 천륜도 무너질 때가 있다. 돈으로 안 되는 일이 없는 것처럼 보이기도 한다.

인간은 때때로 돈의 힘으로 살기도 하지만 돈 때문에 죽기도 한다. 돈은 바다와 배로 비유할 수 있다. 배는 물 덕분에 항해를 할 수 있지만, 물이 배를 덮치면 그 물 때문에 파선한다.

이처럼 돈도 때로는 복이 되고 때로는 재앙이 된다. 중요한 것은, 돈을 다스릴 줄 아는 사람에게는 복이 되지만 돈을 다스릴 줄 모르는 사람에게는 화가 된다는 사실이다. 돈은 다스려야지 돈의 지배를 받아서는 안 된다.

성경은 우리에게 돈을 다스리는 법을 가르쳐 주고 있다. 하나님의 법칙에 따라 돈을 다스리면 돈이 우리에게 기쁨과 행복을 주지만 돈에게 다스림을 받으면 고통과 번민 속에 살아가게 된다.

성경은 돈에 대해서 청지기적 의식을 가지라고 가르친다. 청지기란 주인을 대신하여 주인의 권리를 가지고 주인의 소유물을 관리하는 사람이다. 청지기에게 있어서 가장 중요한 것은 주인의 뜻이다. 절대로 자기의 뜻대로 관리해서는 안 된다. 청지기는 소유물에 대해 운용할 권리는 가지고 있으나 절대로 주인은 아니다. 그저 주인의 뜻에 따라 권리만 행사할 뿐이다.

마찬가지로 오늘 우리가 가지고 있는 재물도 절대 내 것이 아니다. 하나님께서 하나님의 뜻대로 사용하도록 물질을 맡기시고 사용할 수 있는 권한을 주셨다. 오늘 물질에 대한 가장 큰 문제는 내가 주인이 되어서 내 뜻대로 사용하고 있다는 사실이다. 이런 사람에게는 하나님께서 절대 물질을 맡기지 않으신다.

성경에 달란트의 비유가 있다. 5달란트, 2달란트 받은 자는 주인의 뜻에 따라 최선을 다하여 100퍼센트의 이익을 남겼으나 1달란트 받은 자는 주인의 뜻을 무시하고 제 뜻대로 땅에 묻어 두었다. 그 결과 1달란트 받은 자는 가진 것도 빼앗기고 어둠 속에 슬피 울며 이를 갈고 살도록 버림받았다.

오늘 우리에게 가장 중요한 것은 돈을 많이 벌고 못 벌고 하는 것이 아니라 맡겨 주신 돈을 하나님의 뜻대로 사용하느냐 하지 않느냐 하는 것이다. 이 땅에서 우리가 물질로부터 자유함을 누리려면 철저한 청지기 의식을 가져야 한다. 청지기로서의 삶을 살아갈 때 물질은 나에게 복이 되고 기쁨이 된다. 그리고 마음껏 선을 행하고 살아갈 수 있도록 주인 되신 하나님께서 채워 주신다.

나는 철저하게 청지기 의식을 가지고 살아왔다. 그 결과로 하나님께서는 하늘문을 열어 지금까지 마르지 않는 샘물처럼 물질을 쏟아 부어 주셨다.

"각각 은사를 받은 대로 하나님의 여러 가지 은혜를 맡은 선한 청지기 같이 서로 봉사하라 만일 누가 말하려면 하나님의 말씀을 하는 것 같이 하고 누가 봉사하려면 하나님이 공급하시는 힘으로 하는 것 같이 하라 이는 범사에 예수 그리스도로 말미암아 하나님이 영광을 받으시게 하려 함이니 그에게 영광과 권능이 세세에 무궁하도록 있느니라 아멘" **벧전 4:10-11**

14.
4만 5천 원의 행복

나는 물질에 대해 늘 두려움을 갖고 산다. 물질의 주인은 하나님이시기 때문이다. 그래서 물질을 사용할 때마다 하나님이 기뻐하실지를 깊이 생각하게 된다. 그러다 보니 남들의 눈에는 왜 저렇게 살까 의아해 보일 때도 있다. 저 정도 물질을 가졌으면 좀 누리고 살아도 될 텐데 왜 저리 궁상스럽게 살까라는 말을 종종 듣기도 한다.

그러나 나는 나를 위해 좀 과하게 쓰면 만족스럽거나 기쁘다기보다 그 자체가 고통스럽다. 그래서 한국에서는 다이소를 즐겨 찾고, 뉴질랜드에서는 Two dollars shop을 즐겨 찾는다. 특별한 이유가 있어서라기보다 이렇게 사는 것이 내 삶의 패턴이고 즐겁기 때문이다. 내가 절제하면 그 돈으로 한 명이라도 어려운 사람들을 도울 수 있으니 더욱 기쁘다.

이런 나의 삶을 늘 안타까워하는 사람이 있다. 바로 내 아내이다. 내 모습이 때로는 불쌍하게 보인다고 했다. 그래서 때로는 좀 괜찮은 옷을 사 입히려고 애를 쓰지만 늘 실패하고 만다. 한번은 겨울에 집회 차 한국에 나간 적이 있다. 추운 날씨에 변변한 외투가 없어 처제 집에 옷을 빌려 입고 다니곤 했다. 하루는 보다 못한 아내가 강권적으로 나를 끌고 동네 AK 백화점으로 데려갔다. 이제는 나이도 있고 남이 보는 눈도 있으니 제대로 된 겨울 코트를 하나 사라는 것이다.

간청을 하는 아내의 제안을 차마 거절할 수가 없어 한 코트 매장에서 적당한 것을 골랐다. 언뜻 가격을 보니 4만 5천 원이라 이 정도면 괜찮다 싶어 사기로 했다. 그런데 계산을 하려고 보니 45만 원이었다. 기가 찼다. 무슨 옷 한 벌을 45만 원을 주고 사냐고 화를 내고 나와 버렸다. 아내가 따라 나오며 한 말이다.

"평생 거지처럼 살다 가슈!"

다음 날 아침에 동네 인근에 있는 광림기도원에 기도하러 갔다. 시간만 나면 늘 가는 곳이라 그 주변 지역은 익숙했다. 그날 기도를 마치고 차를 몰고 내려오는데 내가 종종 저렴하게 옷을 사 입는 파크랜드 매장 마당에 재고정리 하는 옷들이 쭉 진열되어 있었다. 그런데 옷 하나가 내 눈에 확 들어왔다. 바로 어제 사지 못한 겨울 코트였다. 급히 차를 세우고 가서 입어 보았다. 어제 본 옷과 같은 검은색 코트였다. 탈부착하는 모자까지 달려있어 어제 본 제품보다 훨씬 나았다. 가격은 4만 5천 원이었다.

이렇게 필요를 채워 주시는 하나님을 찬양했다. '할렐루야'를 외치며 그 옷을 입고 아내에게 나타났다. 아내는 깜짝 놀랐다. 이렇게 좋은 옷을 어디에서 샀냐고…. 나는 자신 있게 대답했다.

"보시오, 하나님이 다 준비해 주시잖아요."

차액 '40만 5천 원.' 가슴이 뭉클했다. 이 돈으로 얼마나 많은 사람들을 기쁘게 할 수 있을까? 참 행복한 날이었다.

> "선을 행하고 선한 사업을 많이 하고 나누어 주기를 좋아하며 너그러운 자가 되게 하라 이것이 장래에 자기를 위하여 좋은 터를 쌓아 참된 생명을 취하는 것이니라" 딤전 6:18-19

아프리카 양식 나눔

15.
하늘에서 온 카톡

오랜 시간 코로나로 인해서 전 세계인들의 마음이 피폐해지고 있다. 가장 고통 받는 것은 경제적인 문제일 것이다. 이러한 시기에 한 금융 전문가의 강의가 크게 인기를 얻고 있다.

특별히 많은 교회와 기독교방송들이 이분을 초청하여 이 시대에 그리스도인들이 가져야 할 금융지식에 대해서 강의를 듣고 있다. 최근에 한 기독교방송의 〈새롭게 하소서〉라는 프로그램에서도 이분의 경제철학을 다뤘다. 반응은 폭발적이었고 이 시대의 요셉이라고 이분을 찬양하는 글들이 쏟아졌다. 참 진리를 분별하지 못하고 미혹되어 가는 기독교인들의 모습을 보며 참담한 마음을 금할 수가 없었다. 나는 이분의 금융지식에 대해서 논하고 싶지는 않다. 나 역시 이 분야에 대해서는 문외한이기 때문이다.

그러나 우리가 분명히 알아야 할 것은 기독교인의 물질의 법칙과 세상의 물질의 법칙은 다르다는 사실이다. 기독교인의 물질관은 출발부터가 다르다. 세상 사람들은 자기의 노력으로 부를 이루어 보려고 노력하겠지만 우리 그리스도인들은 하나님께서 물질을 허락하신다. 아무리 뛰어난 금융기법을 따라 한다고 해도 하나님께서 주시지 않으시면 절대 성공할 수가 없다. 내 힘과 노력으로 돈을 벌어 보려는 자체가 비신앙적이다.

하나님에게 집중해야 할 마음을 주식이나 펀드 등에 빼앗기게 하는 이것은 분명 광명의 천사로 가장한 악령의 미혹임이 분명하다. 맘몬이 주인이 되어 있는 기독교의 현실이 너무 안타까울 뿐이다. '주식이 왜 나쁘냐', '기독교인들에게 올바른 재정 법칙을 알려주는 데 왜 이것이 잘못된 거냐'라고 항변할 사람들이 많음을 잘 알고 있다. 주식을 하는 것은 당연히 민주주의 경제의 한 축을 이루는 합법적 행위이다. 절대로 주식 자체를 죄악시하는 것이 아니다.

성경은 돈을 사랑함이 일만 악의 뿌리라고 가르친다. 우리는 돈을 벌려고 발버둥칠 것이 아니라 어떤 환경에서든지 하나님께 영광을 돌리려고 온 마음을 다 기울여야 한다.

어떻게든 이 악령의 역사를 막아야겠다는 간절한 마음으로 애를 썼으나 기대와 같지 않아 깊은 아픔 속에 있을 때에 한 형제분에게서 감동적인 카톡이 왔다. 나는 이 카톡을 보는 순간 하나님이 살아 역사하고 계심을 느꼈다. 이 카톡이 얼마나 큰 위로와 기쁨을 주는

지, 나는 이 카톡을 '하늘에서 온 카톡'이라고 부르고 싶다.

> 목사님 안녕하세요 ^^
> 어제 단톡방에 ○○ 대표의 '새롭게 하소서' 편의 문제점을 지적해주셔서, 하마터면 저도 속을 뻔했는데 속지 않게 해주셔서 너무 감사드립니다. 근데 저도 3년 전부터 주식 투자를 하고 있었는데, 올해 하나님 은혜로 주식으로 큰돈을 벌게 되었습니다. 너무 감사해서 그 돈으로 올 초에 헌금도 할 수 있었습니다. 근데 문제는 어느 순간 저도 모르게 그 돈을 의지하고 있다는 게 느껴졌습니다. 여전히 하나님께 예배드리고 기도도 하는데 한편으로는 돈이 있으니 마음이 든든해지고 교만(?)도 싹트는 것이 느껴졌습니다. 그렇다고 하나님 없이 살 수 있는 것은 절대 아닌데 요즘 많이 혼란스럽습니다. 예수님은 하나님과 재물을 겸하여 섬길 수 없다고 하였는데, 제가 지금 제대로 살고 있는지 의심이 갑니다. 예수님께 찾아왔던 부자 청년 이야기가 꼭 제 이야기 같습니다. 만약 예수님이 저의 전 재산을 다 팔아라 하면 저도 망설여질 것 같아서 걱정이 됩니다. 목사님 재물을 섬기지 않고 하나님의 청지기로 올바르게 살아가려면 어떻게 해야 하나요?

먼저 이 형제분을 소개하면 이분은 우리 학교에 다녀간 한 자매의 남편으로서 부부(한경식, 엄미라 집사)가 의사로 헌신하는 믿음의 사람이다. 지난번 코로나로 경제적인 어려움을 겪고 있는 선교사님들을 후원할 때에 주저함 없이 5천만 원을 후원하셨던 분이다.

이분의 카톡을 받고 늦은 밤 국제전화로 1시간가량 성경이 가르치는 물질관에 대하여 함께 나누었다. 참으로 감사했다. 하나님을 향한 이분의 마음은 옥토 밭이었다. 그동안 주식에 빼앗긴 마음이 얼마나 비신앙적이었는지를 깨닫고 이제는 오직 하나님 한 분에게 집중하기로 결단했다. 그리고 어려운 분들을 위하여 사용해 달라고 그 자리에서 5천만 원을 보내왔다. 놀라운 하나님의 역사였다. 이 돈은 성탄절에 전 세계 20여 개 기아지역에 귀하게 쓰였다. 하나님은 물질의 주인이시고 언제든지 하나님의 뜻을 따라 살 때 필요에 따라 공급하신다.

'주식이 아니라 주님이다.'
주님에게만 우리의 마음을 집중해야 한다.

> "한 사람이 두 주인을 섬기지 못할 것이니 혹 이를 미워하고 저를 사랑하거나 혹 이를 중히 여기고 저를 경히 여김이라 너희가 하나님과 재물을 겸하여 섬기지 못하느니라" 마 6:24

한경식, 엄미라 집사 후원 양식

16.
밥은 굶지 마라

코로나로 인해 모두가 어려움을 겪고 있다. 특별히 청년들의 고통은 말로 할 수가 없다. 꿈과 미래로 가득 차야 할 청년들이 절망 가운데 고통당하는 것을 보면 너무 마음이 아프다. 대학을 졸업해도 갈 곳이 없고 사랑하는 사람이 있어도 결혼을 할 수도 없고 아르바이트 자리를 찾아 이리저리 헤매는 청년들의 아픔을 어떻게 다 이해할 수 있겠나? 나도 암울한 청년 시절을 보냈기에 이들의 아픔을 조금이나마 공감할 수 있다.

정부 통계에 의하면 안타깝게도 코로나 발병 후 유일하게 20대만 코로나 이전에 비해 자살률이 14.6퍼센트 증가했다. 청년들은 코로나로 사회적 취약계층으로 몰락하게 되었다. 많은 청년들에게 심리적 불안과 우울증이 급증하고 있다. 현실이 이렇게 심각한데도 노인·아동 복지정책에 비해 청년을 위한 지원정책은 거의 없는 것이 현실이다.

얼마 전 청년들의 현실을 다룬 다큐멘터리 영상을 보며 한참 동안 그들의 아픔에 함께 울었다. 아무리 먹어도 돌아서면 배고플 나이에 식대를 아끼느라 편의점에서 삼각김밥이나 컵라면으로 식사를 때우고 그것도 배불리 먹지 못하고 하루에 한 끼만 먹는다는 말을 듣고 마음이 아파 함께 울었다.

한 자매는 어려운 형편에 부모님의 도움으로 간신히 일류대학을 졸업했으나 몇 년째 취업을 하지 못하고 있는 아픔을 토로했다. 그리고 내 마음을 찌르는 너무나 큰 아픔의 말은 그녀가 취업 준비를 하며 열심히 무엇을 적고 있었는데 자기도 모르게 '자살'이란 단어를 적

MEC 장학생들

장학관

고 있었다는 것이다. 이 청년들의 아픔을 누군가는 해결해 주어야 하는데 어느 누구도 해결해 줄 수 없는 현실이 너무 마음이 아팠다.

다만 얼마라도 이들의 아픔에 함께하고 싶었다. 그래서 최근에 우리 학교를 다녀간 청년들 중에 어려운 학생들부터 돕기로 했다. 먼저 수원 나눔센터에 장학관을 오픈하여 거주지가 필요한 형제들의 숙소를 마련했다. 전액 무료로 최상의 설비를 갖추어 평안히 지낼 수 있도록 해주었다. 모두들 함께 신앙생활을 하며 행복해했다. 그리고 매년 수천만 원의 예산을 책정하여 어려운 청년들을 돕기 시작했다. '청년 지원금'이란 이름으로 어려운 청년들을 지원했다. 그리고 공지사항에 '밥은 굶지 마라'는 문구를 넣었다. 이 말은 나의 간절한 바람이고 내 진심어린 마음이었다. 예상대로 많은 청년들이 지원을 해왔다. 그들이 겪고 있는 어려운 사정들은 상상보다 심각했다.

우리의 도움은 아주 미약하지만 이들의 문제를 해결해주실 분은 하나님 한 분이시기에 어떻게든 이들에게 하나님을 향한 절대적 믿음을 심어주고 싶었다. 그래서 카톡 단체방을 통하여 매일 아침 우리 인생의 빛이요 등불이신 하나님의 말씀으로 격려하고 있다.

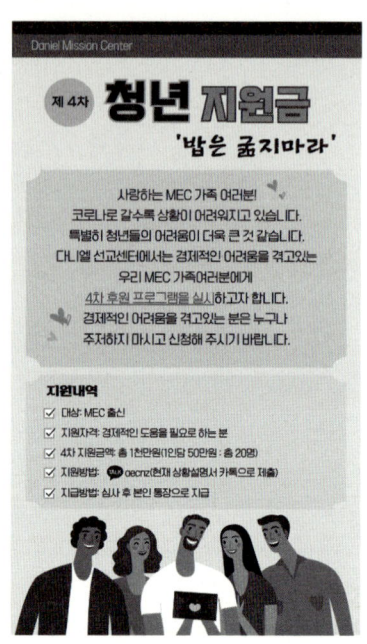

청년 지원금 공지 포스터

"내가 주릴 때에 너희가 먹을 것을 주었고 목마를 때에 마시게 하였고 나그네 되었을 때에 영접하였고 헐벗었을 때에 옷을 입혔고 병들었을 때에 돌보았고 옥에 갇혔을 때에 와서 보았느니라 이에 의인들이 대답하여 이르되 주여 우리가 어느 때에 주께서 주리신 것을 보고 음식을 대접하였으며 목마르신 것을 보고 마시게 하였나이까 어느 때에 나그네 되신 것을 보고 영접하였으며 헐벗으신 것을 보고 옷 입혔나이까 어느 때에 병드신 것이나 옥에 갇히신 것을 보고 가서 뵈었나이까 하리니 임금이 대답하여 이르시되 내가 진실로 너희에게 이르노니 너희가 여기 내 형제 중에 지극히 작은 자 하나에게 한 것이 곧 내게 한 것이니라 하시고" 마 25:35-40

17. 교민 지원금

뉴질랜드는 모든 세계인들이 가장 살고 싶어 하는 나라이다. 아마도 천혜의 아름다운 자연이 있고 복지제도가 잘되어 있는 나라 중의 하나이기 때문일 것이다. 그래서인지 대개는 이렇게 생각한다.

'뉴질랜드에 살면 무슨 걱정이 있겠어…'

그러나 그렇지 않다. 인간이 사는 곳이라면 어디든 걱정, 근심, 어려움은 있다. 뉴질랜드에도 어려움으로 고통 받고 있는 이들이 많다. 아무리 복지제도가 잘되어 있어도 복지만으로 부족함 없이 살 수는 없다. 또한 복지 혜택을 받지 못하는 사각지대의 사람들도 많다. 방문비자로 체류하는 이들과 학생비자로 공부를 하는 학생 등은 복지 혜택을 전혀 받지 못한다.

한국에서는 어려우면 아무 때나 가족이나 친구나 이웃에게 가서 위로를 받거나 도움을 청할 수 있지만 외국에서의 삶이란 삭막하기 그지없다. 누구에게도 도움의 손길을 기대하기가 어렵다.

나도 유학 시절 참으로 어렵게 살았다. 과일 하나를 편하게 사 먹지 못했다. 한동안 과일가게 앞에 내어둔, 1박스에 1달러짜리 썩은 과일을 사다 썩은 부분을 도려내고 먹고 살았다. 그래서 누구보다 없는 자의 아픔을 잘 알고 있다. 더욱이 최근에 코로나로 인하여 일자리를 잃고 힘들게 사는 사람이 너무 많다.

늘 해외의 기아지역에 마음을 쏟고 있었는데 어느 날부터 어려움을 당하고 있는 교민들의 모습이 마음을 떠나지 않았다. 그들을 도와야 한다는 마음은 간절했으나 교포 사회에서 어려운 이들을 찾는 것이 쉬운 일이 아니었다.

그래서 교민 크리스천 신문사와 공동으로 어려운 이들을 돕는 프로젝트를 시작했다. 신문사의 네트워크를 통하여 각 교회의 어려운 분들을 추천 받았다. 1인당 1천 달러씩 30명에게 지원할 계획을 가지고 신청서를 받았는데 무려 50명

〈크리스천라이프〉 신문 기사

이 신청을 했다. 신청 사유를 살펴 더 어려운 분들을 선별하려고 했다. 그러나 선별이 쉽지가 않았다. 모두들 어려워서 신청을 했는데 받지 못할 사람들의 아픔을 생각하니 마음이 편하지 않았다. 그래서 선별을 중단하고 50명 전원에게 1천 달러씩, 총 5만 달러를 지원하기로 했다. 이렇게 결정할 수 있었던 배경에는 언제나 필요를 채워 주시는 하나님에 대한 믿음이 있었기 때문이다.

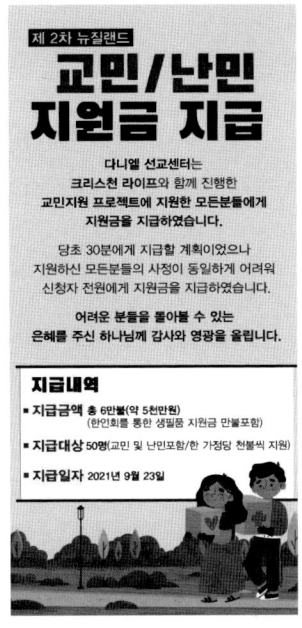

교민지원금 포스터

어려운 교인들을 챙기다 보니 한편으로 믿지 않는 어려운 이들이 마음에 걸렸다. 그래서 한인회를 통하여 어려운 이들을 돕도록 1만 달러를 보냈다. 적은 도움이지만 기뻐할 교민들을 생각하니 마음에 기쁨이 넘쳤다.

후원금을 받고 많은 분들이 감사의 글을 보내 오셨다. 감사의 한 글을 소개하고자 한다.

목사님 고맙습니다. 통장에 돈 들어왔네요. 목사님 사역도 요즘 쉽지 않을 텐데, 이렇게 목사님을 통하여 주님의 사랑을 받으니 하염없이 감사와 눈물이 나오네요. 고맙고 감사합니다. 전날에 자그마한 마음으로 도와주고 별 생각 없었는데, 이렇게 도움을 받고 보니 주의 사랑이 이렇게 크신가 느껴지네요. 생각나는 대로 목사님과 사역을 위하여 기도하겠습니다.

부족하지만 생각나는 대로 저에게도 중보기도 해주세요. 골수 이식 안 받고 혈액암, 림프암 세포가 사라질 수 있도록 생각나는 대로요. 병원에서는 100프로 완치는 어렵다고 해요. 암세포가 더 성장만 안 되도록 잘 관리만 하면서 지내라고 하네요. 주만 의지하고 바라봅니다. 감사합니다 목사님….

"다만 우리에게 가난한 자들을 기억하도록 부탁하였으니 이것은 나도 본래부터 힘써 행하여 왔노라" 갈 2:10

18.
하늘문을 여시고

나의 어머니는 믿음이 돈독하신 분이었는데 평생 간절한 한 가지 소원이 있으셨다. 우리 가정에 목회자가 하나 나오는 것이었다. 그것을 위해 늘 기도하셨다. 아들을 하나 주시면 주의 종으로 바치겠다고…. 그 간절한 기도의 응답으로 나를 얻으셨다. 나는 어릴 때부터 귀가 아프도록 너는 주의 종이 돼야 한다는 어머니의 말씀을 듣고 살아왔다. 단순한 소망의 말씀이 아니라 절대 거역할 수 없는 경고였다.

"너는 주의 종이 안 되면 벌 받는다."

이 말씀은 어린 나에게 거역할 수 없는 두려움으로 마음판에 새겨졌다. 반드시 주의 종이 되어야 하는 줄 알았다.

그러나 나이가 들수록 죽어도 목회자는 되기 싫었다. 그 이유 중의 하나는 가난이었다. 평생 가난의 굴레에서 고통 받고 살아 왔는데, 목회자가 되어 다시 가난한 삶을 살아갈 것을 생각하니 두려움이 앞섰다. 하필 내 주위에 목회자들은 하나같이 왜 그렇게 가난했는지, 목회자 자녀인 내 또래들을 보면 안쓰럽기 그지없었다. 그들은 때때로 먹을 것이 없어 국수를 도시락으로 싸오곤 했다. 가난이 나에게는 고통 그 자체였다.

결혼 후 한국전력공사라는 좋은 직장에 다니면서 내 집도 가지고 차도 가지고 어려움 없이 살게 되었다. 내 평생 처음으로 가난에서 벗어난 행복한 삶이었다. 비록 여러 번의 사건을 통해 주의 종이 되겠다고 하나님께 서원은 했으나 이 안락한 삶을 포기하고 신학을 한다는 것은 용납이 되지 않았다.

하나님은 오래 참으시다 큰 매를 드셨다. 우리 가족이 대형 교통사고로 모두 죽다 살아났다. 나는 사고로 무릎이 박살나 5급 장애를 가지게 되었다. 두 손 들고 하나님께 나아갔다. 하나님이 인도하시는 대로 38세에 집을 처분한 돈으로 뉴질랜드 신학대학에 유학을 왔다. 공부를 시작하고 몇 년 지나지 않아 돈은 다 떨어지고 집세를 낼 수 없는 어려운 상황이 되었다. 내가 할 수 있는 것이라곤 밤마다 눈물로 하나님의 도움을 구하는 것이었다.

하나님은 이 간절한 울부짖음을 들으시고 하늘문을 열어 주셨다. 인간의 머리로 상상조차 할 수 없는 기적의 역사로 물질을 쏟아 부어 주셨다. 지금까지 빌딩 4채를 주셨고, 2만 평 가량의 대형 쇼핑센터도 주셨다. 그리고 바닷가에 너무도 아름다운 대형 크리스천 캠프장도 허락하셨다. 수십 채의 장학관과 수만 평의 땅 등 어마어마한 물질을 부어 주셨다.

하나님의 선물들

절대 물질을 자랑하려는 것이 아니다. 무(無)에서 하늘문을 열어 쏟아부어 주시는 하나님의 능력을 알리려는 것이다. 물질의 주인은 하나님이시다. 뉴질랜드 땅에서 밥 한 끼도 해결할 수 없었던 나에게 하나님은 오직 하나님의 방법으로 물질을 부어 주셨다.

내가 아끼고 노력한들 몇 푼이나 벌겠는가? 외국 땅에서 밥 세끼 해결하는 것이 얼마나 어려운 일인지 모른다. 전적으로 하나님만 의지하고 하나님께 간구할 때에 하나님께서는 기적을 보여 주셨다. 하나님이 주신 물질로 지금까지 마음껏 구제와 선교를 하고 있다.

하나님은 지금도 살아 계시고 역사하신다. 절대로 인간의 머리로 살려고 해서는 안 된다. 오직 하나님의 은혜로 살아야 한다. 내 평생 가슴 깊이 간직하고 사는 말씀이 있다.

"With God nothing is impossible!"

(하나님이 함께 하시면 불가능이 없다)

내 평생 가슴 깊이 간직하고 사는 말씀

"네 하나님 여호와를 기억하라 그가 네게 재물 얻을 능력을 주셨음이라 이같이 하심은 네 조상들에게 맹세하신 언약을 오늘과 같이 이루려 하심이니라" 신 8:18

19.
지프(JEEP) 10대

　뉴질랜드에서 신학 공부를 하는 동안 뉴질랜드 현지 교회에서 아시안 담당 교역자로 잠시 섬긴 적이 있다. 어느 날 인도에서 한 목사님이 와서 간증을 하셨다. 당시 인도에는 복음의 불길이 일어나고 있다고 했다. 본인의 교회에도 1년에 새신자가 무려 4만 5천 명이 등록하고 있으며, 지금 복음의 불길이 타오를 때 인근 마을마다 찾아가서 복음을 전해야 한다는 것이었다. 인도는 워낙 땅이 넓어 다른 지역을 이동하려면 반드시 차가 있어야 하는데 지금 당장 전도용 차량 24대가 필요하다고 했다. 그리고 뉴질랜드 성도들을 향하여 간절하게 지프를 후원해 달라고 요청했다.

　인도 목사님의 간절한 요청을 듣는 내내 마음이 답답하고 안타까웠다. 뉴질랜드 교회의 상황을 너무 잘 알고 있었기 때문이다. 지금이 교회도 은행 빚으로 많은 고통을 당하고 있었다. 일전에 도저히 은행 빚을 감당 못해 은행 경매에 넘어간 적도 있었다. 이슬람이 이 교회를 낙찰 받았는데 가까스로 교단에서 구해 냈다. 이런 형편을 알고 있는 나로서는 너무 마음이 아팠다. "저분이 괜히 와서 비행기 값만 날리셨구나"라고 안타까워했다.

그런데 내 안에 간절한 마음이 일어났다. 어떻게 하면 저곳에 지프를 몇 대만이라도 사서 보낼 수 있을까? 예배 내내 그 생각밖에 없었다.

그 당시 나 역시 넉넉한 상황이 못 되었다. 그러나 다행히 뉴질랜드인이 경영하는 영어학교에서 한국인 담당으로 일을 하고 있어 때때로 약간의 수입이 생겼다. 사실 이 일을 시작한 것도 내가 다니는 신학대학이 재정적으로 너무 어려움이 있어 나를 통하여 한국 학생들을 모집해서 영어학교로부터 어느 정도 재정적인 도움을 받기 위함이었다. 한국 학생들이 많이 오면 올수록 나의 수입도 늘어났다. 앞으로 수입이 얼마나 될지 전혀 알 수 없었으나 인도의 사역자들을 돕고 싶은 마음이 너무나 간절해서 예배 도중에 하나님께 기도했다. "하나님, 제가 지프 10대 보내겠습니다"라고 대책 없이 서원을 했다.

그 당시 인도 교회에서 원하는 지프는 대당 7천 달러로 그렇게 비싸지는 않았다. 그러나 10대의 비용은 장담할 수 없는 금액이었다.

전도용 지프

매번 수익금이 나오는 대로 한 대씩 보냈다. 그렇게 해서 몇 년에 걸쳐 간신히 10대의 값을 다 보냈다. 무거운 짐을 내려놓은 것처럼 마음이 홀가분해졌다. 그 지프를 통해 인도 전역에 복음이 전파될 것을 생각하니 그 기쁨은 말로 할 수가 없었다.

얼마 뒤 지프를 타고 다니며 복음을 전하는 사진이 나에게 전해졌다. 이 일을 하도록 해주신 하나님의 은혜가 너무 감사했다. 외국 땅에서 밥 세끼 해결하기도 너무 어려운데 이렇게 선교할 수 있도록 은혜를 주시니 그 감격은 말로 다할 수가 없었다.

이 지프 비용을 인도에 보낼 때에 뉴질랜드 교회를 통해 보냈다.

그리고 이것은 교회가 직접 하는 것으로 해 달라고 신신당부했다. 오직 하나님 한 분에게만 영광을 돌리고 싶었기 때문이다.

"너는 구제할 때에 오른손이 하는 것을 왼손이 모르게 하여 네 구제함을 은밀하게 하라 은밀한 중에 보시는 너의 아버지께서 갚으시리라" 마 6:3-4

20.
사탕수수밭 5만 평

　인도에 전도용 지프(JEEP) 10대를 지원하고 그리 오랜 시간이 지나지 않은 때였다. 전도용 지프를 보낼 때에 교회에서 지원해 주는 것으로 해달라고 부탁했기 때문에 인도 교회에서는 나의 존재에 대해서 아는 사람이 없었다. 그런데 어느 날 인도에서 이메일이 하나 왔다. 지난번 후원해 준 지프 덕분에 복음의 큰 열매를 맺고 있다는 감사의 편지였다. 물론 이 메일은 나에게 온 것이 아니라 이곳 뉴질랜드 교회 앞으로 온 것이었다.

　그런데 감사의 글 아래에 장문의 글이 적혀 있었다. 우리가 보내 준 지프로 풍성한 전도의 열매를 맺고 있고 더 많은 복음 전파를 위해 각 마을마다 목회자를 파송하고 있다고 했다. 이미 200여 명의

인도교회 교인들

목회자를 파송했는데, 각 마을로 파송된 목회자들이 생활고로 3개월도 견디지 못하고 생업을 위해 사역을 포기하고 도회지로 나간다고 했다. 이런 큰 어려움에 빠져 있으니 기도를 부탁한다는 내용의 메일이었다.

그러면서 이 문제를 해결할 수 있는 유일한 길이 열렸는데 자신들의 힘으로는 불가능한 일이라 기도를 부탁한다고 했다. 그 길이란 교회 옆에 약 5만 평의 사탕수수밭이 매물로 나왔는데 이것만 구입할 수 있다면 200명 목회자 생활비뿐 아니라 고아원과 양로원, 유치원까지도 운영할 수 있다는 것이었다.

이 메일을 보고 기분이 썩 좋지 않았다. 내가 얼마나 어렵게 지프 10대를 보냈는지 교회도 알고 있을 텐데, 교회에서 이 메일을 받았으면 그 요청대로 기도해 주면 될 것을 나에게 다시 보냈다는 사실에 마음이 불편했다. 그래서 메일을 닫아 버리고 무시하려고 했다.

그 당시 하나님께서 뉴질랜드 한 곳에 땅을 계약하게 하셔서 돈도 없이 무작정 계약을 하고 대책 없이 시간을 보내고 있었다. 그런데 놀라운 일들이 일어났다. 한국에 한 기독교방송과 연결되어 갑자기 수백 명의 학생들이 쏟아져 들어왔다. 그러면서 통장에 돈이 조금씩 모이기 시작했다. 그때 내 마음에는 하나님께서 땅값을 치르도록 돈을 주시는게 아닌가 하는 생각이 들었다. 물론 땅값을 치르기에는 턱없이 적은 돈이었다.

그런 상황에 인도 선교사의 이메일을 받았다. 그때 하나님께서 이렇게 말씀하시는 것 같았다.

"네 통장에 돈 있잖아."

인도에서 온 메일을 무시하려고 애를 쓰면 쓸수록 하나님의 말씀은 더 강하게 들려왔다. 마음이 너무 불편했다. '인도의 사탕수수밭이 얼마나 하겠어?'라고 스스로 위로를 하며 교회에 연락을 해서 그 사탕수수밭 가격을 알아봐 달라고 했다. 얼마 뒤 연락이 왔는데 충격적이었다. 15만 달러라는 것이었다. 98년도에 이 돈이면 뉴질랜드에서 집을 한 채 살 수 있었다.

그때 마침 그 정도의 돈이 통장에 있었다. 잠시 생각했다. 이 돈의 주인은 하나님이시니 하나님의 나라를 위해 쓰는 것이 합당하다고 생각했다. 은행에 찾아가서 15만 달러 수표를 끊었다. 그리고 수

표를 담임목사님에게 드리며 절대로 무명으로 해달라고 당부했다. 그다음 주일날 목사님은 강단에서 흥분하며 이야기를 했다. 기적이 일어났다고…. 그리고 15만 달러 수표를 흔들어 보였다. 다행히 이름은 밝히지 않았다.

그 후로 담임목사님께 모든 여행 경비를 지원할 테니 직접 가서 확인하고 구매해 주라고 다시 부탁했다. 그 사탕수수밭으로 인도 교회는 더욱 부흥 성장했다. 나중에 인도 교회에서 어떻게 알았는지 나를 몇 차례 간곡하게 초청했다. 그러나 끝내 가지 않았다. 영광을 받으실 분은 오직 하나님이시기 때문이다.

"오직 선을 행함과 서로 나누어 주기를 잊지 말라 하나님은 이같은 제사를 기뻐하시느니라" 히 13:16

21.
3개월치 생활비

90년대 초에 뉴질랜드 정부가 이민 문을 연 후로 한국에서 이민자들이 몰려왔다. 그와 더불어 영어 연수와 현지 학교 입학을 위해서 초·중·고 학생들도 대거 들어왔다.

외국에서 공부하면 영어도 빨리 배우고 여러 가지 좋은 점도 있으나 부모의 간섭이 없다 보니 탈선하는 아이들도 많았다. 특별히 사춘기인 10대들은 자칫 인생을 망치기도 했다. 이 아이들의 모습을 보면서 신앙 안에서 성공적인 유학 생활을 할 수 있는 영어 연수 프로그램을 만들어야겠다는 사명감이 생겼다. 그래서 내가 근무하는 영어학교 오너와 의논해서 탈선할 환경이 적은 로토루아라는 조그만 도시에 학교를 오픈했다.

첫해에 한국에서 약 40여 명의 중고생이 들어왔다. 이들 중 3분의 1은 품성이 좋은 아이들이고, 3분의 1은 부모가 이혼한 가정 아이들이었으며, 나머지 3분의 1은 학교에서 도저히 적응하지 못하는 문제아들이었다. 사명감을 가지고 시작했으나 상상을 초월할 만큼 문제가 많았다. 매일 술, 담배는 기본이고, 마을 아이들과 패싸움을 하여 경찰이 하루가 멀다고 출동하고, 심지어 구치소에 갇히는 아이들도 있었다. 아이들이 묵고 있는 홈스테이 집에서는 밤마다 전화가 와서 이 괴물들을 당장 데리고 나가라고 소리쳤다.

그리고 더욱 고통스러웠던 것은, 문제가 생기면 함께 의논하며 해결해야 할 부모들이 오히려 이곳에서 아이를 망쳐 놓았다며 밤낮없이 전화로 따지고 들었다. 심지어 고발하겠다고 협박하는 부모도 있었다. 내 힘으로 이 아이들을 돌본다는 것이 불가능했다. 내가 할 수 있는 것은 오직 하나님의 도움을 구하는 것밖에 없었다. 3일간 금식기도를 하며 하나님의 도움을 간구했다.

원래 이 영어 연수 프로그램은 6개월간 영어 교육을 시킨 후에 현지 학교에 입학시키는 프로그램이었다. 처음에는 큰 꿈을 가지고 시작했으나 이 프로그램을 하면서 내 입에는 이 기도 밖에 나오지 않았다.

"제발 학교 일 그만 하게 해주세요."

놀랍게도 내 기도는 응답이 되었다. 6개월 과정이 끝날 무렵 IMF가 터졌다. 더 이상 한국에서 학생이 오지 않았고 학교는 문을 닫았다. 학교 문을 닫게 되니 학교 일을 통하여 재정적인 도움을 주려 했던 신학대학에 도움을 주지 못하게 된 게 제일 안타까웠다. 별 도움을 주지 못하고 곧바로 학교가 문을 닫게 되어 한편으론 미안한 마음이 들었다. 어떻게든 신학대학에 조금이라도 도움을 주고 싶었다. 그러나 가진 돈이 없었기에, 도움을 줄 수 있는 유일한 길이 집을 처분하는 것이었다.

로토루아에서 학교를 시작할 때에 거처할 조그만 집을 은행에서 80퍼센트 융자를 얻어 마련했다. 그런데 IMF로 인해 뉴질랜드 경제도 치명타를 입었고 빈집들이 즐비했다. 집을 팔려고 해도 살 사람이 없었다. 하나님께 간절히 기도하는 중에 3주 안에 팔릴 것이라는 응답을 받았다. 기도의 응답대로 3주 만에 기적처럼 집이 팔렸다. 은행 빚을 갚고 나니 얼마 남지 않았으나 3개월치 생활비를 빼고 나머지 돈을 신학대학과 어려운 선교사 한 분에게 보내었다. 앞으로 살아갈 길이 막막하기는 했으나 얼마라도 신학대학을 지원하고 나니 마음에 기쁨과 평안이 있었다.

> "자기의 재물을 의지하는 자는 패망하려니와 의인은 푸른 잎사귀 같아서 번성하리라" 잠 11:28

22.
하나님의 선물, 그림 같은 집

IMF로 로토루아의 학교 일을 정리하고 신학대학 학업을 마무리하기 위해 오클랜드로 올라왔다. 3개월치 생활비를 가지고 렌트 집을 얻었다. 앞으로 살아갈 일이 막막했다. 한국에서 돈을 좀 빌려와야 할 텐데 아무리 생각을 해도 돈을 빌릴 곳이 없었다. 내가 할 수 있는 일이라고는 매일 밤 책상 밑에 엎드려 하나님의 도움을 구하는 것밖에 없었다.

그런데 기도 중에 하나님께서 계속 집을 주겠다고 응답하셨다. 너무나 강한 응답이었기에 그날부터 집을 보러 다녔다. 수십 채는 본 것 같았다. 아내에게는 나의 이러한 행동이 몹시 엉뚱하게 보인 것 같았다. 하루는 정색을 하며 이야기했다. 제발 부동산 에이전트들 그만 괴롭히라고…. 그러나 하나님의 분명한 응답을 받았기에 계속 마음에 드는 집이 있나 열심히 찾아 헤맸다.

어느 날 저녁을 먹은 후 동네 산책을 나갔다. 한참 길을 걷고 있는데 갑자기 소나기가 쏟아졌다. 아내에게 전화를 해서 차를 가지고 와달라고 부탁을 했다. 아내는 김치를 담는 중이라 나갈 수 없으니 알아서 오라고 했다. 그런데 희한하게도 나는 비를 맞으며 집 방향과 반대의 길로 계속 걸어갔다. 분명 하나님께서 나를 그곳으로 이끌어 가고 계셨다.

한참을 가다보니 눈앞에 아름다운 2층 집이 있었다. 집 앞에는 세일(sale) 간판이 크게 세워져 있었다. 그 집을 보는 순간 강한 감동이 일어났다. 하나님이 나를 위해 준비하신 집이라는 확신이 강하게 들었다. 가슴이 뛰기 시작했다. 다음 날 가지 않으려는 아내를 강제로 데리고 가서 집을 보여 주었다. 아내는 돈도 없으면서 흥분해서 집을 보러 가는 남편의 행동이 이해되지 않았을 것이다. 부동산 에이전트를 통하여 판매 조건들을 알아보고 함께 일했던 영어학교 오너에게 연락을 했다. 기꺼이 은행 보증을 해줄 테니 집을 구입하라는 것이었다. 일은 일사천리로 진행되었다. 은행에서도 어려움 없이 융자를 해주었다.

비록 은행 빚으로 구입했으나 꿈에나 상상할 수 있는 그림 같은 집을 하나님께서 주셨다. 그리고 놀랍게도 얼마 지나지 않아 융자금을 모두 갚을 수 있도록 하나님께서 기적을 행해주셨다. 하나님께서

하나님의 선물, 그림 같은 집

는 로토루아 집을 팔아 얼마 되지 않는 돈이지만 신학대학에 후원한 것을 잊지 않으셨다. 과부의 동전 두 닢 같은 하찮은 물질이었지만 중심을 보시고 이렇게 아름다운 집으로 갚아 주셨다. 꿈만 같았다. 이 삭막한 외국 땅에서 내가 편히 거처할 수 있는 안식처가 생겼다는 것은 너무나 큰 위안이 되었다. 얼마나 기쁘고 행복했는지 한동안 집밖으로 나가기가 싫었다.

하나님께는 공짜가 없다. 반드시 갚아 주신다. 심은 대로 거두게 하시는 분이시다. 이것이 하나님의 공의의 법칙이다. 지금까지 살아오면서 한 번도 이 진리의 말씀이 이루어지지 않은 적이 없다. 오늘날 인간들은 어리석어서 이 진리의 말씀을 믿지 못하고 자기 머리로, 자기 방법대로 무엇인가 얻어 보려고 발버둥친다. 이것만큼 어리석은 인생이 없다.

　하나님의 말씀에 따라 의를 위하여, 선을 위하여, 하나님의 영광을 위하여 물질을 심을 때에 비로소 풍성한 열매를 맺게 된다.

"심는 자에게 씨와 먹을 양식을 주시는 이가 너희 심을 것을 주사 풍성하게 하시고 너희 의의 열매를 더하게 하시리니" 고후 9:10

23.
제발 허풍 좀 떨지 마세요

　IMF로 학교 일을 접고 미래에 대한 염려로 매일 하나님께 눈물로 기도할 때에 도저히 이해할 수 없는 하나님의 말씀이 들려왔다. 5년 안에 영어학교와 선교센터를 세워 주시겠다는 말씀이었다. 매일 기도할 때마다 똑같은 말씀이 들려왔다. 집세를 걱정하고 있는 현실에서 이 말씀은 도저히 받아들여지지 않았다. 내가 무슨 돈이 있어서 영어학교를 세우고 선교센터를 세운단 말인가? 말도 안 되는 소리였다. 잘못된 기도의 응답으로 생각하고 애써 잊으려고 했다.

　그런데 밤마다 기도할 때면 너무나 또렷하게 같은 말씀이 들려왔다. 거부하려야 할 수 없는, 너무나 강한 확신으로 내 마음에 새겨졌다. 그때부터 입으로 시인하기 시작했다. 만나는 사람마다 우리 하나님께서 5년 안에 영어학교와 선교센터를 세워 주실 거라고 외쳤다. 사실 나의 외침을 듣는 사람마다 무척 불편해했다. 그도 그럴 것이, 조그만 집에 세 들어 사는 주제에 엄청난 포부를 이야기하니 허풍으로밖에 들리지 않았을 것이다.

입이 빠른 여집사가 한 사람 있었다. 다들 듣기 거북해도 그냥 속으로 삼키고 넘어가는데 이 여집사는 내 눈을 똑바로 보면서 쏘아붙였다. "제발 허풍 좀 떨지 마세요. 우리 남편하고 똑같네"라며 무안을 주었다. 참으로 창피하고 자존심이 심히 상했다. 누군들 이 상황에서 나의 포부를 받아들이고 기뻐해 줄 사람이 있겠는가? 이 여집사는 나에게 이렇게 상처를 주고 얼마 뒤 호주로 이민을 가 버렸다.

그런데 하나님은 정확히 5년 만에 11층짜리 아름다운 유리빌딩을 선교센터로 주셨다. 더욱이 이 빌딩을 주셨을 때 이미 빌딩 안에 멋진 영어학교가 세워져 있었다. 우리가 빌딩을 구입했을 때에 영어학교 오너가 우리에게 거의 무상으로 학교를 넘겨 주었다. 하나님께서 5년 전 기도 중에 약속하셨던 말씀이 그대로 이루어졌다.

하나님께서는 이 기적의 역사를 방송을 통해, 집회를 통해, 책을 통해 알리게 하셨다. 호주의 여러 교회의 초정을 받아 집회를 갔을 때, 제일 먼저 물어물어 그때 그 여집사를 찾았다. 그리고 CBS 방송 〈새롭게 하소서〉에서 간증했던 DVD를 주며 꼭 보라고 했다. 그리고 한마디 덧붙였다. "당신의 이야기도 나옵니다." 그다음 날 DVD를

CBS 〈새롭게 하소서〉 출연

본 여집사에게 전화가 왔다. 내일 남편과 꼭 점심을 대접하고 싶으니 시간을 만들어 달라는 것이었다. 함께 식사를 하며, 여집사는 간증을 보며 너무 큰 은혜를 받았는데 본인은 절대 그런 이야기를 한 적이 없다고 했다. 그때 옆에서 남편이 말했다. "목사님! 맞습니다. 제 아내가 항상 말을 이렇게 합니다." 그래서 모두 한바탕 웃었다.

하나님께서는 인간의 머리로는 이해할 수 없는 기적으로 하나님의 뜻을 이루어 가신다. 집세조차 내기 어려워 밤마다 울부짖던 나에게 엄청난 약속을 주시고, 정확히 하나님의 때에 이루어 주셨다. 하나님이 함께 하시면 불가능이 없다. 인간의 좁은 머리로 광대하신 하나님을 이해하려고 해서는 안 된다. 더욱이 하나님을 판단해서도 안 된다. 오직 마음을 다하고 뜻을 다하고 목숨을 다하여 하나님을 사랑하면 하나님께서 내 삶을 주관하시고 존귀한 자로 사용해 주신다.

"네가 어디로 가든지 내가 너와 함께 있어 네 모든 대적을 네 앞에서 멸하였은즉 세상에서 존귀한 자들의 이름 같은 이름을 네게 만들어 주리라" 대상 17:8

24.
실버데일에 땅을 사라(1)

　IMF로 영어학교 일을 그만두고 신학 공부에 열중했다. 사실 신학을 공부하면서도 기쁨보다 늘 미래에 대한 두려움으로 마음이 편하지가 않았다. 마흔이 넘은 나이에 신학대학을 졸업한들 나이 먹은 사람을 채용해 줄 교회는 없었다. 그리고 온순하지 못한 내 성격상 목회와는 거리가 멀었다. 그걸 알았기 때문에 어떻게 해서라도 선교단체나 선교 관련 일을 하고 싶었다. 그러나 어떤 선교단체도 나이 먹고 영어도 잘 못하는 사람을 월급 주며 채용할 곳은 없었다. 미래를 생각하면 답답하고 두려운 마음뿐이었다.

　매일 밤 눈물로 기도했다. 하나님께서 나를 이곳까지 인도하셨으니 주의 일을 할 수 있도록 길을 열어 달라는 간구였다. 가져온 돈은 다 떨어지고, 더구나 비자 문제도 해결되지 않아 하루하루가 고통의 날들이었다.

　밤마다 눈물로 하나님의 도움을 간구하는데, 어느 날 하나님께서 믿을 수 없는 말씀을 주셨다. 실버데일 지역에 가서 땅을 사라는 것이었다. 이게 도대체 무슨 말인가? 당장 생계도 해결하기 어려운데 느닷없이 땅을 사라니, 도저히 믿어지지가 않았다.

　첫째로 무슨 돈으로 땅을 사며, 둘째로 땅을 사서 뭘 하라는 말씀인가? 앞뒤가 전혀 맞지 않는 말씀이었다. 더구나 실버데일이 어디에 있는 곳인지조차 몰랐다. 그런데 매일 밤 기도 중에 동일한 말씀이 계속 들려왔다. 너무나 강하게 말씀하시기에 할 수 없이 실버데일이란 곳을 찾아가 보았다. 오클랜드 시티 중심에서 차로 약 30분 정도 떨어진 허허벌판이었다. 푸른 초장에 소들만 풀을 뜯고 있었다. 혹시나 이곳에 영어학교를 세워 주시려나 생각하고 주변에 약 2천 평 정도의 땅이 있는지 한 개발업자에게 물어 보았다. 현재는 그런 땅이 전혀 없으나 매물이 나오면 연락을 주겠다고 했다. 그러면 그렇지, 분명 잘못된 기도응답임에 틀림없다고 생각하고 잊어버렸다.

　그리고 얼마의 시간이 지났는데, 기도 중에 하나님께서 다급하게 지금 바로 실버데일에 가라는 것이었다. 바로 그때 개발업자로부터 좋은 땅이 있으니 빨리 오라는 연락을 받았다. 해가 질 무렵 급히 갔는데 약 17만 평의 땅을 보여 주었다. 가격은 뉴질랜드 달러로

200만 달러였다(그 당시 환율로 약 12억 원). 내가 무슨 돈으로 이 큰 땅을 살 수 있겠나? 그저 생각 없이 땅을 바라보고 있는데 성령님께서 이렇게 말씀을 하셨다.

"이 땅은 내가 너를 위해 준비한 땅이다. 계약해라."

너무나도 강하게 말씀하셨다. 그때 땅 주인이 특별한 제안을 했다. 내가 이 땅을 산다면 땅값을 2년 내에 갚도록 해주겠다는 것이었다. 제안은 매력적이지만 2년 내에 무슨 재주로 엄청난 땅값을 갚을 수 있겠나? 그런데 성령님께서 내 마음을 움직여 이 땅을 계약하게 하셨다.

주위에 뉴질랜드 지인들이 나더러 미친 짓을 했다고 비아냥거렸다. 이 땅이 개발되려면 최소 50년 이상 걸릴 텐데 어리석은 짓을 했다는 것이다. 그럼에도 내 마음은 아주 평안했다. 더군다나 땅값도

기적의 땅 실버데일

없고 시간은 흘러가고 있는데도 알 수 없는 평온함이 내 마음에 가득했다. 성령님께서 친히 내 마음을 주장하셨기 때문이다.

"아무 것도 염려하지 말고 다만 모든 일에 기도와 간구로, 너희 구할 것을 감사함으로 하나님께 아뢰라 그리하면 모든 지각에 뛰어난 하나님의 평강이 그리스도 예수 안에서 너희 마음과 생각을 지키시리라" 빌 4:6-7

25.
실버데일에 땅을 사라⁽²⁾

하나님의 섭리는 참으로 놀랍다. 하나님의 지혜는 너무 깊어서 인간의 머리로는 결코 이해할 수 없다. 허허벌판으로 인도하시고 돈 한 푼 없이 17만 평의 땅을 계약하게 하신 하나님의 섭리를 이 작은 머리로 어떻게 이해할 수가 있겠나? 하나님은 살아 역사하셔서 하나님의 계획대로 이끌어 가셨다.

땅을 계약한 후 시간은 흘러갔다. 한 달, 두 달 시간이 흘러가면서 환율의 급등으로 12억 원의 빚이 16억 원으로 불어났다. 인간적인 생각으로 보면 참담한 상황이었다. 만일 땅값을 제때에 지불하지 못한다면 분명 형사적 책임을 피할 수 없었을 것이다. 현실을 보면 두려울 수밖에 없었다. 그런데 놀랍게도 내 마음에는 아무 두려움이 없었다. 오히려 하나님이 행하실 일에 대한 기대감으로 충만했다.

시간이 흘러 10개월이 지나갔다. 느닷없이 한 부동산 에이전트가 나를 찾아왔다. 우리가 구입한 땅 중에 꺼져 있는 15만 평을 자기들한테 팔라면서 400만 달러를 주겠다고 했다. 가슴이 뛰기 시작했다. 400만 달러에 판다면 땅값으로 200만 달러를 지불하고도 200만 달러가 남고, 위의 좋은 땅 2만 평도 우리 소유가 된다. 바로 답을 주지 않으니 490만 달러까지 주겠다고 했다. 마음을 진정시키고 시간을 좀 달라고 한 뒤 하나님께 간절히 지혜를 구했다. 하나님의 답은 780만 달러에 팔라는 것이었다.

아니, 10개월 전에 200만 달러에 계약한 땅을 780만 달러를 달라고 하기는 너무 두려웠다. 혹시나 비싸다고 안 산다면 이런 재앙이 없었기 때문이다. 주위의 지인들에게 자문을 구했는데 한결같이 빨리 팔라고 했다. 10년 내에 다시 이런 기회가 오지 않을 것이라고 강하게 충고를 했다. 밤새 얼마나 간절하게 지혜를 구했는지 모른다. 결국 780만 달러를 다 부르지 못하고 700만 달러를 요구했다. 기적이 일어났다. 이 땅이 700만 달러에 팔렸다. 땅을 팔고 난 비용으로 땅값을 갚고 나니 500만 달러(약 40억 원)의 수익이 생겼다.

하나님이 알려 주신 780만 달러를 다 부르지 못한 아쉬움이 있어 회계사에게 이야기를 했더니, 회계사가 계산기를 두드리며 말했다.

"정확히 780만 달러(약 63억 원)를 다 받으셨네요. 세금(GST)을 포함하면 판매 가격이 정확히 780만 달러입니다."

하나님의 역사는 참으로 놀랍다. 땅값을 지불하지 않은 상태에서 이 땅을 팔 수 있었던 데에는 놀라운 사실이 하나 있다. 땅을 계약했더라도 잔금을 다 갚지 않으면 절대로 땅의 소유권을 가질 수 없다. 그런데 내가 땅을 계약했을 때에 2년 내에 갚도록 한 주인이 땅의 소유권도 옮겨 주었고, 그 대신 그 땅에 200만 달러 저당을 잡아 두었다. 도저히 있을 수 없는 일이 일어난 것이다. 소유권을 옮겨 준 것도 사실 나를 위해서는 아니었다. 땅값을 완납할 때까지 2년 동안 보유 세금을 내가 내도록 하려는 것이었다. 그 모든 것이 하나님의 섭리였다. 하나님께서는 미래가 보이지 않아 매일 밤 눈물로 간구하던 나를 불쌍히 여기시고 누구보다 밝은 미래를 준비해 주셨다.

"주께서 나의 슬픔이 변하여 내게 춤이 되게 하시며 나의 베옷을 벗기고 기쁨으로 띠 띠우셨나이다 이는 잠잠하지 아니하고 내 영광으로 주를 찬송하게 하심이니 여호와 나의 하나님이여 내가 주께 영원히 감사하리이다" 시 30:11-12

26.
11층 유리빌딩

    하나님께서는 인간의 머리로는 상상할 수 없는 기적을 통하여 땅을 팔아 주시고 500만 달러를 주셨다. 돈을 주신 목적은 5년 전부터 약속하신 영어학교와 선교센터 빌딩을 주시기 위함이었다. 이 두 가지 목적에 맞는 빌딩을 찾아다녔으나 500만 달러를 가지고는 어떤 빌딩도 살 수가 없었다. 몇 달을 찾아 헤매다 850만 달러짜리 6층 빌딩을 보았다. 시내 중심에 위치해 있고 옆에 공원이 있어 두 가지 목적에 너무 합당했다. 이 빌딩이 하나님이 예비하신 빌딩이라고 생각하니 세상을 다 얻은 것같이 기뻤다.

    은행과 상의하여 융자를 얻기로 하고 바로 오퍼(구매 계약서)를 냈다. 그런데 반드시 나에게 올 것이라고 믿었던 빌딩이 그만 다른 사람에게 팔렸다. 그때 그 상실감은 말로 할 수 없었다. 이 돈으로는 다시 이런 빌딩을 살 수 없을 거라는 생각에 많이 낙심이 되었다.

그런데 며칠 뒤 알지도 못하는 한 에이전트가 나를 찾아왔다. 어디서 들었는지 학교에 합당한 좋은 빌딩이 있다고 소개를 해주었다. 11층 되는 멋진 유리빌딩이었다. 가격을 물어 보니 천만 달러가 훨씬 넘었다. 우리가 가진 돈으로는 도저히 살 수가 없었다. 포기하고 며칠이 지났는데, 하나님께서 그 빌딩에 오퍼를 내도록 강한 마음을 주셨다. 그리고 금액까지도 알려 주셨다.

다시 에이전트를 불러 하나님이 알려 주신 700만 달러짜리 오퍼를 제시했다. 에이전트는 금액을 보고는 화를 냈다. 이게 무슨 장난이냐고, 어떻게 반값에 오퍼를 낼 수 있냐며 그냥 가려고 했다. 본인은 절대 이 오퍼를 주인에게 줄 수 없다고 했다. 그를 붙들고 간절히 부탁을 했다. 반드시 좋은 결과가 있을 거라고 한참을 애원했다. 너무나 간절한 부탁에 에이전트는 이렇게 이야기를 했다.

"내가 이 오퍼를 주인에게 가져가면 다시는 주인이 나에게 기회를 주지 않을 겁니다. 그러나 이렇게 간절하게 원하니 한 번 오퍼를 갖다 주겠습니다."

에이전트가 답을 주기로 한 마지막 날, 가슴을 졸이며 기다렸다. 그런데 밤 12시가 되도록 아무런 답이 없었다. 사실 그다음 날 내가 한국에 가기로 되어 있어서 그날 계약이 이루어지지 않으면 안 되는 상황이었다. 모든 것이 끝이라고 생각했다.

그런데 새벽 2시에 팩스로 서명된 계약서가 들어왔다. 또 한 번의 기적이 일어났다. 하나님께서는 6층짜리 빌딩을 놓치고 절망하고 있던 나에게 더 저렴한 가격에 두 배나 크고 아름다운 11층 유리빌딩을 선교센터로 주셨다.

첫 번째 빌딩을 놓치고 가장 마음이 아팠던 이유는, 그 빌딩 바로 옆에 조그만 공원이 있었기 때문이다. 앞으로 학교를 할 때 쉬는 시간에 학생들이 쉴 공원이 있으면 캠퍼스로 활용할 수 있었기 때문이다. 그러나 하나님께서는 이 간절한 바람도 그냥 넘기지 않으셨다. 구입한 빌딩 옆에 처음 보았던 빌딩의 공원과는 비교할 수도 없는 크고 아름다운 공원이 있었다. 그뿐 아니라 빌딩 옆에 대형 쇼핑몰도 있어서 학교로서 이보다 위치가 좋은 곳은 없었다.

기적을 통해 허락하신 선교센터

하나님은 나의 생각을 넘어 최고의 빌딩을 준비해 두셨다. 그리고 하나님께서는 5년 전 주셨던 약속대로 이 빌딩에 영어학교와 뉴질랜드 최대 선교센터를 세워 주셨다.

"나는 여호와요 모든 육체의 하나님이라 내게 할 수 없는 일이 있겠느냐" 렘 32:27

27.
축복의 유산

1960년대 우리나라의 경제 사정은 매우 어려웠다. 밥 세끼를 다 먹지 못하는 가정이 많았다. 우리 집은 그 당시 다른 집들보다 더 가난했다. 나의 어머니는 어려운 살림에 일곱 자녀를 키우느라 여간 고생을 하신 것이 아니었다. 어린 시절을 회상해 보면 늘 배고픔에 시달렸다. 유일한 낙이 길거리에 쇠붙이를 주워다 엿을 바꿔 먹는 일이었다.

식사 시간에는 온 식구가 양푼에 꽁보리밥을 함께 퍼먹곤 했다. 반찬이라곤 김장 무를 젓가락에 꽂아 조금씩 뜯어 먹은 것이 전부였다. 그 당시 모두들 참 가난했다. 매일 아침 어려운 우리 가정에도 어김없이 밥을 구걸하는 걸인들이 찾아오곤 할 정도였다. 어린 시절 온통 내 마음은 먹고 싶은 것들로 가득 차 있었다.

이런 어려운 상황에도 어머니는 10리 길 되는 산간 마을에 늘 복음을 전하러 다니셨다. 어린 시절에 종종 어머니를 따라 함께 예배를 드리곤 했다. 겨울밤에 10리 길은 너무나 멀게 느껴졌다. 칠흑 같은 어둠과 살을 도려내는 듯한 바람은 고통 그 자체였다. 어머니는 예배를 인도하러 이 길을 밤마다 다니셨다.

종종 머리 위에 떡 광주리를 이고 가서 가난한 마을 사람들을 먹이시기도 했다. 어린 나이에 어머니의 행동에 대해 늘 불만이 많았다. 우리도 못 먹는 떡을 마을 사람들에게 갖다 주는 것이 너무 속이 상했다. 나이가 들어 생각해 보니 어머니는 참 믿음의 사람이셨다. 선행을 삶으로 늘 실천하고 사셨다.

몇 년 전에 울산에 있는 큰 교회로부터 집회 초청을 받았다. 그 교회 목사님과 사모님은 어머니와 특별한 인연이 있는 분이었다. 당시 신학생이었던 목사님은 어머니가 마을에 복음을 전하러 다니실 때 종종 함께 가서 말씀을 전했다. 그리고 사모님은 어머니가 마을에서 전도했던 처녀 성도였는데 두 분이 어머니 덕분에 만나 결혼을 하셨다. 어떻게 나와 연결이 되어 집회에 초청해 주셨다. 그때 사모님이 어머니에 대한 감동적인 이야기를 해주셨다.

사모님이 청년 때에 어머니께서 마을의 청년들을 주일날 본 교회로 인도하고 예배가 마치면 꼭 집으로 데려가서 푸짐히 점심을 먹여서 보냈다고 했다. 점심을 먹을 때 우리 형제들이 가까이 오면 멀리 쫓아내셨다고 했다. 그 당시에 먹을 것이 충분하지 않아 혹시라도 청년들의 음식이 부족할까 봐 식사가 끝날 때까지 못 오게 하셨다고 했다.

이제 목회자가 되어 어머니의 삶을 되돌아보니, 어머니야말로 내가 가장 본받아야 할 신앙의 모델이셨다. 오늘 내가 누리는 이 큰 복은 어머니가 심어 두신 선행의 열매임이 분명하다.

오늘 많은 부모들은 내 자녀들을 이 땅에서 안락하게 살게 해주려고 아낌없이 모든 것을 쏟아붓는다. 일류 대학에 보내기 위해 아끼고 절약하며 엄청난 돈을 교육비에 투자한다. 신앙을 가진 부모조차도 이런 생각에서 벗어나지 못한다. 성경은 어디에도 복이 세상의 것으로부터 온다고 말하지 않는다. 자녀에게 오는 복은 부모가 뿌린 선행의 씨앗에서 싹튼다. 내 자녀가 진정 복된 삶을 살기를 원하면 선행의 씨앗을 뿌려야 한다.

"내가 어려서부터 늙기까지 의인이 버림을 당하거나 그의 자손이 걸식함을 보지 못하였도다 그는 종일토록 은혜를 베풀고 꾸어 주니 그의 자손이 복을 받는도다" 시 37:25-26

28.
선교·영어 장학생

　뉴질랜드인이 경영하는 영어학교에서 수년간 부학장이란 직함을 가지고 일을 한 적이 있다. 전 세계 청년들이 영어를 배우기 위해 그 학교에 몰려왔다. 청년들을 바라볼 때마다 해외 영어 연수에 대한 간절한 열망을 가졌으나 결코 이룰 수 없었던 나의 청년 시절이 떠올랐다. 그 당시 해외 연수를 간다는 것은 소수 특권층의 자녀들이나 누릴 수 있는 것이었다. 그래도 세월이 많이 좋아져서 이제는 웬만한 중산층 자녀이면 영어 연수를 올 수 있는 시대가 되었다.

　내가 근무하던 학교에도 한국 청년들이 제법 많이 왔다. 그들을 볼 때마다 어렵게 목회하시는 목사님들의 자녀들이 생각났다. 부모님이 목회자라는 이유로 극한 가난 속에서 상처받고 지내는 많은 목회자 자녀들의 아픔이 나의 아픔처럼 느껴졌다.

그래서 약간의 여윳돈이 생겼을 때 한국에서 어려운 목회자 자녀 대학생 3명을 선발하여 학비를 내주고 6개월간 영어 연수를 시켰다. 참으로 감격스러웠다. 좀 더 많은 청년들에게 기회를 주고 싶었으나 학비가 만만치 않았다. 그러나 나의 간절한 마음을 보시고 하나님께서는 매년 20명까지 연수 기회를 주도록 재정적인 여건을 만들어 주셨다.

그 당시 그 학교에는 매년 1천여 명이 넘는 중국 학생들이 쏟아져 들어왔다. 그때 하나님께서 중국 선교에 대한 강한 열망을 주셔서, 우리 장학생들과 함께 유학생 교회를 설립하여 지금까지 수많은 외국 영혼들에게 복음을 전하고 있다.

그런데 남의 학교에서 복음을 전하다 보니 어려움이 많았다. 마음 한편에 우리 학교가 하나 있었으면 좋겠다는 소망이 간절했다. 하나님께서는 이 마음의 소원을 들어주셨다. 11층 아름다운 선교센터 빌딩을 주셨을 때 그 빌딩 안에 중국 사람들이 세웠던 아름다운 영어학교가 있었다. 우리가 빌딩을 구입하자 학교 오너가 우리에게 영어학교를 거의 돈을 받지 않고 양도해 주었다. 하나님께서는 이렇게 또 기적을 행하셨다. 그 후로 매년 20명에게 주던 장학금을 200명에게 주게 되었다. 장학금만 매년 30억에 달했다. 하나님께서는 선한 일을 할 수 있도록 하늘문을 열어 필요한 물질을 쏟아부어 주셨다.

미션베이에서 장학생들과 함께

지난 20여 년 동안 3천여 명에게 장학 혜택을 주었고, 신앙 훈련을 통해 믿음의 사람으로 변화시켰다. 이 장학 프로그램을 통해 수많은 외국 영혼들에게 복음이 전파되었고, 수백 명의 목회자와 선교사가 배출되었다. 최근에 10년 전 장학생으로 이곳을 다녀간 한 자매로부터 아름다운 메일을 받았다. 참고로 이 자매는 남편과 함께 르완다에서 의료선교를 하고 있다.

목사님 안녕하세요!

제25기 뉴질랜드 해외 연수 선교 장학생(2012년) 김한나라고 합니다.

뉴질랜드에서의 날들이 기억납니다. 너무 많은 장학생들이 있어 기억하실지 모르겠지만 저는 PPT를 한다고 늘 앞에서 예배드렸는데 좋아서 목사님 주먹에 머리 박은 기억이 나네요.

함께 살던 저희 집 뉴 알톤(장학관)에서 목사님 2명, 사모님 1명, 선교사님 3명과 각자의 자리에서 하나님을 섬기는 일꾼들로 자랐답니다! 눈물을 흘리며 씨를 뿌리는 자는 기쁨으로 거두리로다. 아멘!! 예수님이 주인 되심을 기뻐하며 성령에 매어 하나님의 영광을 높이는 데 쓰임 받기를 간구합니다. 저를 포함한 모든 씨앗들이요^^ 아직 깊은 기도의 단계는 아니지만 단체 카톡을 보며 중보하겠습니다. 늘 영육 간에 강건하시고 씨앗 심는 사역의 열매를 보는 기쁨이 가득하시기를 기도합니다.

"하나님이 능히 모든 은혜를 너희에게 넘치게 하시나니 이는 너희로 모든 일에 항상 모든 것이 넉넉하여 모든 착한 일을 넘치게 하게 하려 하심이라" 고후 9:8

29.
쓰나미의 통곡

2004년 12월 26일 인도네시아 수마트라 인근 해역에서 발생한 대규모 지진으로 인류 역사상 최악의 쓰나미가 발생했다. 당시 피해를 입은 국가는 모두 12개국이었다. 인도네시아를 비롯하여 스리랑카, 인도, 태국, 말레이시아, 싱가포르, 소말리아에까지 광범위한 피해를 입었다. 사망자 숫자는 30만 명에 이르고 이 중 3분의 1은 어린이였다. 방송에서는 온종일 처참한 피해 상황과 가족을 잃은 남은 자들의 울부짖음을 방영했다.

그것을 보며 참으로 마음이 아팠다. 하루아침에 생활의 터전과 가족을 잃은 사람들의 고통을 어떻게 이해할 수 있겠나? 매일매일 방송을 통해 들려오는 그들의 통곡이 마음 한편에 큰 아픔으로 남았다. 어떻게 그들을 도울 수 있을까? 마음은 간절한데 그 당시 우리가 처한 상황이 너무나도 어려웠다.

하나님께서 빌딩과 학교를 주셨지만 빌딩은 8개 층이 비어 있었고, 학교는 매달 감당하기 어려운 적자가 나고 있었다. 종이 한 장도 함부로 사용할 수 없어 이면지를 활용하였다. 한 치 앞도 내다볼 수 없는 암담한 상황이었으나 그들을 돕지 않고는 견딜 수가 없었다. 오랜 시간 고민하다 구호단체에게 보낼 2천 달러짜리 수표를 끊었다. 그 당시 상황으로는 우리에게 이것도 큰 금액이었다.

그런데 하나님께서 질책하시는 음성이 들려왔다.

"2천 달러로 누구를 돕겠다는 거냐?"

나의 인색함이 부끄럽고 죄송했다. 하나님께서 빈손이었던 우리에게 빌딩을 주시고 학교를 주셨는데 어렵다는 핑계로 겨우 2천 달러로 생색을 내는 믿음 없는 내 모습이 너무 실망스러웠다. 그 자리에서 수표를 찢어버리고 2만 달러짜리 수표를 다시 끊었다.

다음 날 태국에서 8년간 선교사로 활동했던 학교 디렉터를 불러 이 금액을 태국의 구호단체에 직접 보내도록 부탁했다. 비록 은행 돈을 빌려 쓰는 처지였으나 이렇게라도 그들의 고통에 동참하고 나니 조금이나마 위로가 되었다.

며칠 뒤 태국으로 돈을 보내 주었던 학교 디렉터가 나에게 면담을 요청했다. 나는 속으로 그가 어려운 중에 이렇게 구제하는 모습에 감동되어 감사의 인사를 하러 온 줄로 생각했다. 대화 중에 그의 입에서 나온 말은 참으로 충격적이었다.

"나는 당신의 재정 관리를 도저히 이해할 수 없소. 학교가 이렇게 어려운 중에 있는데 어떻게 그 큰돈을 이렇게 보낼 수가 있단 말이오? 나는 이것이 그리스도인의 올바른 물질사용법이라고 생각하지 않소."

한참 동안 말문이 막혔다. 그리고 조용히 이야기했다.

"이것에 대해서는 나에게 아무 말도 하지 마세요. 나는 그저 하나님이 시키시는 대로 했을 뿐입니다."

우리는 때때로 하나님을 바라보지 못하고 환경을 바라보고 살아갈 때가 많다. 능력이 되고 형편이 되어서 구제를 하려면 절대로 할 수 없다. 어떤 형편이든지 하나님의 말씀에 따라 어려운 분들을 도와야 한다. 바울이 3차 선교여행 때 흉년으로 고통 당하는 예루살렘 성도들을 위하여 구제 연보를 모았다. 그때 여러 성도들이 어려운 중에 십시일반 연보를 했다. 특별히 마게도냐 교회들은 '극심한 가난' 속에 오히려 풍성한 연보를 했다.

"형제들아 하나님께서 마게도냐 교회들에게 주신 은혜를 우리가 너희에게 알리노니 환난의 많은 시련 가운데서 그들의 넘치는 기쁨과 극심한 가난이 그들의 풍성한 연보를 넘치도록 하게 하였느니라" **고후 8:1-2**

하나님께서는 어려운 중에도 가난한 자를 돕는 것을 기뻐하신다. 그리고 반드시 풍성하게 갚아 주신다. 어려운 중에 드린 2만 달러가 우리 사역에 큰 축복의 열매로 돌아왔다. 이 사건 이후 하나님은 하늘문을 열어 물질의 복을 쏟아부어 주셨다.

"귀를 막고 가난한 자가 부르짖는 소리를 듣지 아니하면 자기가 부르짖을 때에도 들을 자가 없으리라" 잠 21:13

30.
하나님의 때

　우리 인간은 모든 일이 자기 뜻대로, 자기가 원하는 시간에 이루어지기를 바란다. 신앙인조차도 자기 뜻대로 이루어지지 않으면 하나님을 원망하며, 심지어 하나님을 떠나기도 한다. 신앙인들 중에 하나님을 그저 자신의 수호천사 정도로 생각하고 믿는 사람들도 있다. 내 힘으로, 내 능력으로 할 수 없는 일들을 하나님의 도움으로 이루어 보겠다는 기복신앙을 가진 사람들도 있다.
　우리의 뜻을 이루기 위해 하나님을 믿어서는 안 된다. 하나님의 뜻을 이루기 위해서 믿어야 한다. 모든 것이 내 뜻대로 이루어진다면 우리는 쓸모없는 인간이 될 수밖에 없다. 우리가 불완전한 인간이기 때문이다. 우리의 뜻이라는 것이 얼마나 어리석고 미련한지 모른다. 일본의 위대한 신학자인 우치무라 간조는 그의 말년에 기도문을 통해 이렇게 고백했다.

"하나님이여 내 평생에 나와 함께하심을 감사드립니다. 내가 기도하는 대로, 내 뜻대로 안 된 것을 감사드립니다. 내가 원하는 대로 되었더라면 저는 형편없는 인간이 될 뻔했습니다. 내 뜻대로 안 되었기 때문에 오늘 내가 있습니다. 이것을 감사드립니다."

하나님께서는 무(無)의 상태에서 빌딩과 학교를 주셨다. 빌딩을 인수했을 때에 11개 층 중에 8개 층이 텅 비어 있었다. 학교를 주셨음에도 매달 수천만 원의 적자가 났다. 빌딩을 구입할 때에 은행에서 일부 융자를 얻었기에 이자를 갚아 나가기도 버거웠다. 3년 동안이나 비어 있던 빌딩에 무슨 재주로 세입자를 구할 수 있겠나? 우리 빌딩뿐 아니라 주위의 많은 빌딩들도 비어 있었다. 인간적인 눈으로 볼 때는 절망적이었다.

우리 빌딩 매니저는 염려가 많았다. 빨리 세입자를 구하지 못하면 은행에서 경매 처분을 할 것이라면서 두려워했다. 그가 고심 끝에 내놓은 제안은 신문에 광고를 하자는 것이었다. 광고비로 최소 2만 5천 달러를 예상하였다. 나는 그 자리에서 한마디로 거절했다. 나에게는 하나님에 대한 절대적 믿음이 있었기 때문이었다. 매니저에게 단호하게 이야기했다.

"무(無)에서 빌딩을 주신 하나님께서 세입자 하나 못 구해 주시겠어요? 기다리세요. 하나님의 때에 하나님께서 반드시 채워 주실 것입니다."

이 말을 하고 한 달이 채 지나지 않았다. 갑자기 사방에서 세입자들이 몰려오기 시작했다. 이민성을 비롯하여 국가기관들이 우리 빌딩으로 들어왔다. 3년 동안 비어 있던 빌딩이 딱 한 달 만에 8개 층 모두 채워졌다. 하나님께서 하나님의 때에 이루어 주셨다. 한순간에 우리의 모든 재정적인 문제가 해결되었다. 마음껏 구제하고 선교할 수 있도록 길을 열어 주신 것이다.

우리는 때때로 너무 조급하다. 하나님을 절대적으로 신뢰하지 못한다. 오직 하나님의 뜻에 따라 살아가며 하나님의 때에 반드시 이루어 주심을 믿어야 한다.

물질의 주인은 하나님이시다. 환경을 주관하시는 분도 하나님이시다. 아무리 우리가 돈을 벌려고 발버둥쳐도 하나님께서 환경을 만들어 주시지 않으면 안 된다. 내 뜻을 버리고 오직 하나님의 영광만을 위해 살아가면 하나님께서 모든 것을 책임지신다. 물질이 필요하면 물질을 주시고, 건강이 필요하면 건강을 주시고, 사람이 필요하면 사람을 보내 주신다.

때와 기한은 하나님의 손에 있다. 오직 하나님만 바라보자.

> "그는 때와 계절을 바꾸시며 왕들을 폐하시고 왕들을 세우시며 지혜자에게 지혜를 주시고 총명한 자에게 지식을 주시는도다"
> 단 2:21

31.
10억 신드롬

한때 우리 사회에 10억 모으기 신드롬이 일었다. 너도나도 10억을 인생의 목표로 삼고 계획을 짜서 목표 달성을 위해 고군분투했다. 방송국에서도 10억 만들기 프로그램을 앞다투어 방영하곤 했다. 아직도 방송 하나가 눈에 선하다. 젊은 부부가 10억을 만들기 위해 최소의 비용으로 살아가는 방법을 소개한 내용이었다. 세수한 물은 절대 버리지 않고 변기에 사용하거나 빨래를 할 때 재사용했다. 그리고 슈퍼마켓에서 물건을 살 때는 꼭 쿠폰을 모아서 공짜 물건을 얻고, 심지어 백화점 식품 코너에서 시식용 음식으로 끼니를 때우기도 했다. 10억이 도대체 뭐길래 인생을 저렇게 비참하게 살아가는지 참 안타깝기 그지없었다.

아직도 가치 있는 인생을 살지 못하고 돈의 노예가 되어 오직 돈

모으는 데 인생의 목적을 두고 사는 사람들이 많다.

오래전에 우리 선교·영어 장학 프로그램에 지원한 한 자매가 있었다. 신청 서류에 인생의 목적을 기술하는 부분이 있었다. 이 자매는 목회자 자녀인데 아마도 물질로 많은 아픔을 겪었던 것 같았다. "나의 인생의 목적은 30세까지 10억을 만드는 것이다"라고 기록했다. 그리고 앞으로 10억을 만들면 이것으로 선교사업을 하겠다고 구체적인 계획도 세밀하게 기록했다.

이 내용을 보면서 마음이 아팠다. 돈 때문에 얼마나 어려움을 겪었으면 이 젊은 시절에 이런 인생의 목적을 가질까 하는 안타까운 마음이 있었다. 이 자매가 오면 반드시 올바른 물질관을 심어 주어야겠다고 다짐했다.

성경은 우리에게 부하고자 하는 마음을 가지지 말라고 했다. 부자가 되려는 마음은 시험과 올무에 빠지게 하고 결국 인생을 파멸시킨다고 가르친다. 그리고 중요한 것은 아무리 부자가 되려고 애를 써도 될 수도 없고 결국은 그 욕망으로 자신을 파멸하게 된다는 사실이다.

> "부하려 하는 자들은 시험과 올무와 여러 가지 어리석고 해로운 욕심에 떨어지나니 곧 사람으로 파멸과 멸망에 빠지게 하는 것이라" 딤전 6:9

그리고 돈을 사랑하면 일평생 근심 속에 살아갈 수밖에 없다. 한 순간도 하나님이 주시는 평안을 누릴 수가 없다. 돈을 사랑하면 망하지만 하나님을 사랑하면 돈의 문제로부터 일평생 자유함을 누릴 수 있다는 이 진리를 깨달아야 한다.

> "돈을 사랑함이 일만 악의 뿌리가 되나니 이것을 탐내는 자들은 미혹을 받아 믿음에서 떠나 많은 근심으로써 자기를 찔렀도다" 딤전 6:10

물질은 하나님이 주시는 것이다. 내가 애쓰고 노력한다고 얻어지는 것이 아니다. 우리가 하나님의 뜻을 따라 살아갈 때 하나님께서 필요에 따라 채워 주신다. 하나님이 함께 하시면 불가능이 없다. 오늘이라도 하늘문을 열어 쌓을 곳이 없도록 부어 주실 수 있다. 우리가 물질보다 하나님을 더 사랑하면 반드시 물질을 맡겨 주신다. 나는 이 진리를 일평생 체험하며 살아왔다.

우리의 소망은 물질이 아니라 하나님이시다. 물질의 고통에서 자유하려면 우리의 마음을 물질의 주인 되신 하나님께 고정시켜야 한다. 그리고 하나님을 기쁘시게 해야 한다. 이제는 없어지고 사라질 헛된 물질에 마음을 빼앗기지 말고 우리의 모든 필요를 채워 주시는 하나님께 우리의 소망을 두자.

"네가 이 세대에서 부한 자들을 명하여 마음을 높이지 말고 정함이 없는 재물에 소망을 두지 말고 오직 우리에게 모든 것을 후히 주사 누리게 하시는 하나님께 두며" **딤전 6:17**

32.
영적 훈련소, 장학관 20채

어려운 목회자 자녀들과 기독 청년들을 위한 선교·영어 장학 프로그램을 시행하면서 가장 마음 아팠던 것은 아이들의 숙식 문제였다. 아무리 장학금을 줘도 홈스테이 비용을 감당하기가 어려웠다. 특별히 경제적으로 어려운 목회자들에게는 감당하기 어려운 짐이었다. 하루속히 아이들이 최소 비용으로 체류할 수 있는 장학관을 세우는 것이 가장 시급한 과제였다.

뉴질랜드에 있는 많은 한인 교회 목회자들도 유학 온 어려운 청년들에게 숙소로 제공할 집을 하나 가지는 것이 꿈이었다. 그러나 수많은 교회들 중에 이런 숙소를 가진 교회는 하나도 없었다. 아무리 규모가 있는 교회라도 집을 한 채 살 수 있는 여력이 되지 않았기 때문이다. 이곳도 최근에 집값이 올라 작은 집도 다 10억이 넘는다.

아이들이 묵을 장학관을 설립하는 것이 우리에게도 가장 시급했던 것은 특별히 두 가지 이유 때문이었다. 첫째는 아이들의 경제적 어려움을 덜어 주는 것이고 둘째는 신앙 훈련을 위해서였다. 아무리 믿음이 좋은 아이들도 청년의 욕망을 이기지 못하고 쉽게 탈선하는 것이 유학생들의 현실이다. 많은 청년들이 경비를 절약한답시고 남녀가 한방에 동거를 하는 것이 비일비재했다.

우리가 어려운 청년들에게 장학금을 주어 영어 연수를 시키는 목적은 단지 영어 능력을 향상시켜 주기 위함이 아니라 이들을 하나님 중심의 사람으로 양육하는 것이었다. 그래서 더더욱 영적 훈련소로의 장학관이 필요했다. 최소한 방이 5개 이상 되는 대저택이어야 했다. 장학관 역시 우리 힘으로는 도저히 해결할 수 없는 일이었으나 하나님께서는 우리의 필요를 채워 주셨다.

처음 하나로 시작했던 장학관이 이제는 20여 채나 된다. 한 집에 10명씩 거주하며 철저한 신앙 훈련을 받고 있다. 매일 아침 예배로 시작하여 예배로 마친다. 그리고 6개월 과정 동안 성경 일독과 금식 훈련, 유학생 선교사로서 철저한 훈련을 받고 영적 전사로서 외국 영혼들을 구원시키는 놀라운 사명을 감당하고 있다.

이곳을 다녀간 수많은 아이들이 가장 그리워하는 것이 장학관 생활이다. 처음에는 군대보다 힘들다고 불평하지만, 시간이 지나면서 차츰 하나님과의 깊은 교제를 통하여 세상이 줄 수 없는 기쁨과 평안을 체험하기 때문이다. 이곳을 통하여 수많은 목회자, 선교사,

장학관 전경

장학관 성경공부 시간

사모들이 배출되었다. 더 감사한 것은 이곳을 통하여 많은 믿음의 부부가 탄생했다. 이들은 지금도 카톡 단체방을 통하여 서로 마음을 나누며 한국에서 어려운 독거노인들과 노숙자들을 돕는 사역에 동참하고 있다.

하나님은 참으로 위대하시다. 언제나 우리의 생각을 초월하여 역사하신다. 매번 새로운 장학관을 주실 때마다 기적을 보여 주셨다. 항상 우리에게 가장 합당한 집으로 준비해 주셨다. 한 장학관 안에는 200명 이상이 동시에 예배드릴 수 있는 예배당도 세워 주셨다. 여러 통역방이 있어 외국 학생들과 함께 하나님을 예배한다. 한국어, 영어, 중국어로 위대하신 하나님을 찬양하는 모습을 볼 때면 세상이 줄 수 없는 신령한 기쁨으로 충만해진다. 가장 아름다운 젊음의 시간에 하나님만을 찬양하는 이곳이야말로 이 땅의 진정한 천국이 아닐까?

"그러므로 내가 네게 지혜와 지식을 주고 부와 재물과 영광도 주리니 네 전의 왕들도 이런 일이 없었거니와 네 후에도 이런 일이 없으리라 하시니라" 대하 1:12

33.
뉴질랜드 최대 선교센터

하나님으로부터 11층 유리빌딩을 받은 후에 가장 급하고 간절했던 것은 하루속히 이곳에 선교센터를 세우는 것이었다. 그 당시에 나는 어떤 선교단체와도 연결되지 않았고, 선교에 대한 지식도 전혀 없었다. 어느 날 갑자기 하나님께서 빌딩을 주셨기에 마음은 간절했으나 어떻게 선교센터를 세워야 할지 막막했다. 최대한 많은 목회자 분들에게 내 뜻을 알리고 선교단체들을 초청하려고 했으나 쉬운 일이 아니었다. 이미 큰 선교단체들은 자리를 잡고 있었기에 새로운 곳으로 이전하는 것이 쉬운 일이 아니었다.

다만 분명했던 사실은 많은 선교단체들이 재정적으로 어려움을 겪고 있다는 것이었다. 그리고 중소 선교단체들은 집의 차고를 사무실로 개조하거나 창고 같은 열악한 환경에서 사역을 하곤 했다. 나는 어떤 선교단체이든 선교만 한다면 모두 환영했다. 사무실을 무상으로 쓰도록 할 뿐 아니라 관리 비용까지 전액 우리가 부담하였다.

하나님께서는 나의 간절한 마음을 보시고 하나둘 선교단체들을 보내 주셨다. 중소 선교단체들뿐 아니라 위클리프선교회(성경 번역) 뉴질랜드 본부도 옮겨 주시고, 성서공회(Bible Society), 항공 선교, 중동 선교, 중국 선교, Precept 선교회 등 국제 선교기관 17개를 보내 주셨다. 선교기관들은 서로 정보를 교환하고 함께 기도하며 협력하여 풍성한 선교 열매를 맺게 되었다. 하나님께서는 이렇게 뉴질랜드 최대 선교센터를 세워 주셨다. 많은 선교사들이 이야기한다. 세계적으로 이렇게 여러 선교단체가 함께 일하는 선교센터는 찾아보기 어려울 것이라고….

선교센터에서 일하는 선교단체 사람들과 함께

매년 선교센터에 지원되는 금액만도 2억이 넘는다. 나는 선교센터를 볼 때마다 얼마나 마음이 든든한지 모른다. 그분들은 늘 우리에게 감사 인사를 하지만 사실 나는 선교기관들에게 더 감사한 마음을 가지고 있다. 적어도 선교센터가 있는 빌딩은 어떤 어려운 상황에서도 하나님께서 지켜 주실 것이라는 믿음이 있기 때문이다. 사실 지난 20여 년 동안 빌딩에 여러 번 위기의 순간들이 있었다. 그러나 기적처럼 모든 문제들이 해결되었다.

선교센터가 자리를 잡은 뒤 오프닝 예배가 있었다. 세계 선교 기관장들을 초청하여 성대히 준비를 했다. 오프닝이 있기 며칠 전 선교센터 디렉터가 나를 찾아와서 조용히 귀띔을 해주었다. 오프닝 행사에 나를 위한 큰 서프라이즈(surprise)가 있으니 기대하라고 했다. 그 말을 듣고 난 뒤부터 마음이 너무 불편했다. 하나님만을 찬양하고 영광 돌려야 할 시간에 나를 위한 특별 시간을 마련했다는 것이 도저히 용납되지 않았다. 디렉터는 이 말을 전하면서 그날 반드시 우리 부부가 참석해야 한다고 했다. 시간이 갈수록 내 마음은 불편함을 넘어 가시방석에 앉아 있는 느낌이었다. 내가 그 자리에 참석을 하면 하나님에게 온전히 돌아가야 할 감사가 나에게 올 것이 분명했기 때문이었다.

나는 급히 서둘러 호주행 비행기를 탔다. 그리고 우리 매니저에게 부탁을 했다. 나 대신 참석해서 축하해 달라고, 그리고 불가피한 사정으로 내가 참석할 수 없게 되었다고 양해를 구하게 했다. 이 소식

감사패

을 들은 선교센터에서는 난리가 났다. 꼭 참석해야만 한다고 몇 차례 더 연락이 왔지만 끝내 참석하지 않았다. 나는 오직 하나님 한 분에게만 영광을 올리고 싶었다. 호주에서 돌아온 뒤 선교센터에서는 아름다운 감사패를 보내왔다. 선교센터를 세워 주신 하나님께 눈물의 감사를 드렸다.

"여호와여 영광을 우리에게 돌리지 마옵소서 우리에게 돌리지 마옵소서 오직 주는 인자하시고 진실하시므로 주의 이름에만 영광을 돌리소서" 시 115:1

34.
10층 피라미드 빌딩(1)

뉴질랜드에서 신학 공부를 할 때 하루하루가 고통과 두려움의 연속이었다. 가장 나를 고통스럽게 한 것은 앞이 보이지 않는 미래였다. 하나님의 강권적 인도로 신학 공부를 시작하긴 했으나 공부를 마친 후 내가 가야 할 길이 전혀 보이지 않았다. 인생이 끝난 것 같은 절망감과 앞으로의 삶에 대한 두려움으로 밤마다 눈물로 기도할 수밖에 없었다. 그 간절한 기도 속에 하나님은 한 말씀으로 답해 주셨다. 바로 빌립보서 4장 6-7절 말씀이다.

"아무 것도 염려하지 말고 다만 모든 일에 기도와 간구로, 너희 구할 것을 감사함으로 하나님께 아뢰라 그리하면 모든 지각에 뛰어난 하나님의 평강이 그리스도 예수 안에서 너희 마음과 생각을 지키시리라."

이 말씀을 묵상하고 또 묵상했다. 말씀 중에 특별히 내 마음을 사로잡은 구절이 있었다. 기도하면 이루어 주신다는 말씀이 아니라 그리스도 예수 안에서 너희 마음과 생각을 지켜 주신다는 말씀이었다. 이 말씀의 의미를 새기고 또 새겼다. 이 말씀의 의미를 깨달았을 때 내 마음에 놀라운 자신감과 확신이 생겼다. 하나님의 평강이 내 마음과 생각을 이끌어 주신다면 내가 걱정하고 염려할 것이 아무것도 없음을 깨달았다.

그 이후로 나는 하나님께 내 인생을 온전히 맡기고 내 마음을 이끌어 주시도록 늘 기도했다. 내 마음으로는 두려움 때문에 그 어떤 것도 할 수 없었다. 그러나 하나님이 내 마음을 이끌어 가실 때는 하나님의 평강이 나를 평안하게 이끌어 가셨다.

지금까지 하나님께서 내 마음을 움직이셔서 돈 없이 땅을 사게도 하시고, 말도 안 되는 금액으로 빌딩도 구입하게 하셨다. 살고 죽는 것이 마음에 달려 있다. 하나님이 내 마음을 움직이시면 모든 것이 성공적일 수밖에 없다.

하나님께서 텅 빈 빌딩을 한 달 만에 채워 주신 후 1년이 흘렀다. 모든 것이 형통했다. 학교도 선교센터도 활발하게 사역이 이루어졌고, 재정적으로도 풍성하여 더 많은 구제와 선교를 할 수 있었다.

어느 날 사무실에서 창밖을 바라보며 하나님의 은혜에 대해 깊은 감격에 빠져 있었다. 그때 하나님의 말씀이 들려왔다.

'빌딩 하나 가지고 되겠나? 내가 빌딩 하나를 더 주마.'

그 당시 한 번도 재산을 늘리거나 새로운 빌딩을 구입하고자 하는 마음을 가져 본 적이 없었다. 그저 매일 부어 주시는 은혜를 나누는 데 온 마음을 기울이고 있었다. 그러나 하나님께서는 내 의지와 무관하게 마음을 움직이셨다.

바로 그 무렵 우리 빌딩 옆에 10층 피라미드 모양의 빌딩이 매물로 나와 있었다. 이 빌딩은 워낙 덩치도 크고 비싼 빌딩이라 이 빌딩을 구입할 것이라고는 생각조차 해본 적이 없었다. 그런데 이 빌딩을 구입하도록 하나님은 내 마음을 움직이셨다.

빌딩의 상황을 알아보니, 이 빌딩은 이미 시청에 팔려 마지막 계약이 확정되는 단계만 남아 있었다. 그리고 이 빌딩의 3개 층만 국세청이 3년 동안 임시로 사용하고 있었고 나머지는 텅 빈 상태였다. 혹시라도 시청의 계약이 불발되어 우리에게 온다고 해도 도저히 재정적으로 감당할 수 있는 빌딩이 아니었다. 또 국세청이 자체 사옥을 짓고 있어서 3년 뒤에는 새로운 사옥으로 이사를 간다는 것도 문제였다. 국세청이 이사를 가면 전 빌딩이 텅 비는 상황이 올 텐데 그러면 한순간에 우리도 망할 수 있다.

그런데 하나님께서는 내 마음에 두려움 대신 기쁨과 확신을 주셨다.

"사람이 마음으로 자기의 길을 계획할지라도 그의 걸음을 인도하시는 이는 여호와시니라" 잠 16:9

35.
10층 피라미드 빌딩(2)

　우리가 구입하고자 했던 두 번째 10층짜리 빌딩은 이미 시청과 구매 계약이 진행되고 있었다. 그러나 시청에서 건물 안전 검사가 제때 끝나지 않아 계약 기간을 연장하여 우리에게도 구매할 기회가 주어졌다. 시청이 제시한 금액보다 많이 주면 당연히 건물주는 우리에게 팔 것이다. 내가 오퍼를 내려고 할 때에 주위의 모든 사람들이 만류했다. 국세청이 3년 후 나가기 때문이었다. 그때 나는 "국세청이 나가긴 어딜 나가! 하나님이 결재해 주시지 않으시면 절대 못 나가!"라고 강하고 담대하게 말했다.
　결론적으로 하나님께서는 시청이 제시한 금액보다 무려 50만 달러나 저렴한 가격으로 이 건물을 우리에게 주셨다.

두 번째 건물을 구입했을 때에 우리 직원들도 만류했고 앞으로 다가올 리스크에 대해 모두 두려워했다. 그러나 나의 마음은 너무나 평안했고 오히려 앞으로 펼쳐질 하나님의 역사에 대한 기대감으로 가득 차 있었다.

우리가 빌딩을 구입했을 때에 임시로 3개 층에 세 들어 있던 국세청 담당자가 새로운 사옥 조감도를 가지고 와서 자기들의 계획을 이야기해 주었다. 이미 땅을 구입했고 3년이면 사옥이 완성되어 나간다고 했다. 인간적인 눈으로 보면 당연히 두려운 상황이었다. 그러나 내 마음을 주장하시는 하나님은 평강으로 나를 지켜 주셨다.

얼마 뒤 참으로 놀라운 일이 벌어졌다. 국세청 담당자가 찾아와서 2년을 더 연장하겠다고 했다. 이 기쁨과 안도의 마음이 채 가시기도 전에 이번에는 국세청 고위 간부들이 대거 찾아와서 빌딩 전체를 21년간 장기 임대를 하겠다는 제안을 했다.

하나님이 주신 두 빌딩

하나님은 이렇게 또 기적을 보여 주셨다. 장기 임대 계약으로 인해 우리의 수익금은 매년 30억이 넘게 들어왔다. 하나님께서 하늘문을 열어 쏟아부어 주셨다. 이때 우리 빌딩 매니저가 조언을 했다. 우리가 제일 먼저 해야 할 것은 은행 빚을 줄이는 것이라고 했다. 두 번째 빌딩은 전액 은행 융자로 구입했기 때문에 빚이 많았다. 빚을 줄이는 것은 당연한 일이었다. 그래서 빌딩 매니저의 조언에 따라 상당 금액을 융자금 상환에 사용했다.

약 2년 정도 은행 빚을 갚다 보니 내 마음에 기쁨이 사라지고 허탈감이 몰려왔다. 수익금의 많은 부분을 빚 상환에 사용하다 보니 구제와 선교에 늘 돈이 부족했다. 오늘이라도 하나님이 부르시면 가야할 텐데 하나님께서 '너 뭐하다 왔나?' 물으신다면 '은행 빚 갚다 왔습니다'라는 대답밖에 할 수 없을 것 같았다. 그래서 빌딩 매니저를 불러 단호하게 이야기를 했다. 앞으로 은행이자 외에 원금은 단 1달러도 갚지 않도록 하고 모든 돈을 오직 구제와 선교에 다 쏟아붓기로 결단했다.

그 후로 지금까지 원금은 갚지 않고 구제와 선교에 모두 사용했으나, 우리의 자산은 지난 10년 동안 약 20배나 늘었다. 이것이 하나님의 법칙이고 '천국 계산법'이다. 세상 계산법은 쓰면 사라지지만 천국 계산법은 선을 위하여, 복음을 위하여 하나님의 뜻에 따라 사용하면 더욱더 늘어나는 것이다. 많이 심으면 많이 거두고 적게 심으면 적게 거두는 이 하나님의 법칙은 시간과 상황을 초월하여 항상 이루어지는 불변의 진리이다.

"주라 그리하면 너희에게 줄 것이니 곧 후히 되어 누르고 흔들어 넘치도록 하여 너희에게 안겨 주리라 너희가 헤아리는 그 헤아림으로 너희도 헤아림을 도로 받을 것이니라" 눅 6:38

36.
선한 일꾼을 찾습니다

코로나 사태는 전 세계인의 삶을 바꿔 놓았다. 나에게도 참으로 많은 변화가 있었다. 코로나 이전에는 미래에 대한 많은 계획과 꿈이 있었다. 교육 선교도 확장하여 새로운 학교를 하나 더 설립하려고 했다. 그리고 크리스천 캠프장도 최고 수준의 캠프장으로 향상시키려고 많은 프로젝트를 구상했다. 쇼핑몰도 여러 세입자들의 요청에 따라 크게 확장할 계획도 세웠다. 그러나 코로나 사태 후 모든 것이 중단되었다.

모든 것이 멈추었을 때 그동안 정신없이 사역 확장에 마음을 쏟고 달려가다가 잠시 멈추고 앞으로의 사역에 대해 깊이 생각하는 시간을 가졌다. 뉴질랜드 땅에서 지난 30여 년간 정신없이 달려왔다. 뒤돌아보니 내 자신을 돌아볼 겨를도 없이 달려온 전쟁터 같았다.

세월이 흘러가는지도 모르고 그저 앞만 보고 달리다 잠시 나를 되돌아볼 시간을 가졌다. 벌써 60대 중반을 넘어 70을 바라보고 있다. 사회 같으면 벌써 퇴직을 해야 할 나이다. 그런데 너무 바쁘게 달려오다 보니 나이를 잊고 앞으로 해야 할 일들만 잔뜩 마음에 품고 있었다. 이번 코로나 사태는 앞으로 갈 길을 돌아보게 하는 너무나 귀중한 계기가 되었다.

하나님께서 앞으로 일할 시간을 얼마나 주실지 모르지만 마냥 확장만 할 시기는 아니라는 생각이 들었다. 이제는 하나님이 주신 것들을 나누어야 할 시간이 가까워 왔음을 진지하게 생각하였다. 어느 날 갑자기 하나님이 부르시면 이 많은 것들을 그냥 두고 갈 생각을 하니 조급한 마음이 들었다. 지금부터라도 나누는 사역을 좀 더 확장해야겠다는 간절한 마음이 생겼다.

코로나 시대라 선교 현장을 방문할 수 없고, 외부적인 사역을 직접적으로 확장해 가기에는 어려움이 많았다. 어떻게 하면 이 어려운 시기에 가장 가치 있는 일을 할 수 있을까 생각하는 중에 하나님께서 기아로 고통 받는 사람들을 향한 마음을 주셨다. 최근 통계를 보면 코로나로 인해 양식이 없어 굶는 사람들의 수가 많이 증가했다. 그들에게 직접 양식을 나눌 수 있는 지혜를 구했다. 하나님께서는 기아지역에서 섬기는 선교사님들을 통하여 이 일을 하도록 지혜를 주셨다.

먼저 함께 일할 선교사님들을 찾는 것이 시급했다. 앞으로 장기적인 양식 나눔 프로젝트를 하려면 우리의 목적에 맞게 동역해 줄 진실된 선교사님들을 찾는 것이 무엇보다 중요했다. 그래서 이곳 크리스천 신문사와 함께 '선한 일꾼을 찾습니다'라는 캠페인을 시작하여 여러 지역의 선교사님들을 추천 받았다. 그리고 우리 카톡 단체방을 통해서도 일꾼들을 찾았다. 감사하게도 여러 기아지역에서 섬기시는 선교사님들과

선한 일꾼 포스터

아프리카 식량지원

36. 선한 일꾼을 찾습니다

캄보디아 식량지원

연결이 되어 사역을 시작하게 되었다.

지금은 아프리카 여러 지역과 미얀마, 네팔, 인도, 태국, 필리핀 등 전 세계 30여 개국의 기아지역과 난민수용소 등에 정기적으로 양식을 공급하고 있다. 참으로 감격스러운 일이다. 이렇게 어려운 자들에게 양식을 나눌 수 있다는 것이 얼마나 큰 은혜인지 모른다. 하나님께서는 늘 불쌍한 자들을 생각하라고 말씀하셨다. 하나님의 마음은 늘 배고픈 자들에게 있으시다.

> "네가 밭에서 곡식을 벨 때에 그 한 뭇을 밭에 잊어버렸거든 다시 가서 가져오지 말고 나그네와 고아와 과부를 위하여 남겨두라 그리하면 네 하나님 여호와께서 네 손으로 하는 모든 일에 복을 내리시리라" 신 24:19

37.
수원 나눔센터

과거 대한민국은 6·25 전쟁으로 인해 우리 생활의 터전과 사회·경제 체제의 기반이 모두 파괴되었다. 대부분의 국민들은 배고픔에 시달리며 하루하루 연명하고 살았다. 그나마 미국이 원조해준 식량과 현물로 간신히 버티어 나갔다. 국가 기록원에 따르면, 남한 제조업은 1949년 대비 42퍼센트가 파괴되었고, 북한은 1949년 대비 공업의 60퍼센트가 파괴되었다. 모든 외신들도 한국을 회복이 불가능한, 소망이 없는 나라라고 평가했다.

아직도 어릴 때의 기억이 생생하다. 미국에서 원조한 밀가루 한 포대를 배급받기 위해 어머니를 따라 종일 동사무소에서 줄을 서서 순서를 기다리곤 했다. 어렵게 밀가루 한 포대를 받아오면 집안은 잔칫집 분위기였다. 나는 어릴 때부터 배고픔의 고통이 얼마나 큰지

몸으로 체험을 했다. 그래서 가난한 자들에 대한 애틋함이 늘 있었다. 그리고 미국으로부터 받은 도움을 언젠가는 반드시 어려운 이웃들에게 갚아야겠다는 간절한 소망이 있었다.

한동안 하나님의 놀라운 기적의 역사를 알리기 위해 매년 2~3차례 한국에 집회를 나갔다. 방송, 신문을 통하여, 그리고 대학 채플과 전국 어디든 하나님의 은혜를 증거할 수 있는 곳이면 기쁨으로 다녔다. 그런데 한국 집회를 갈 때마다 안타까운 모습을 보았다. 길거리에 많은 노인들이 리어카에 산더미 같은 폐지를 싣고 위험한 도로를 다니고 있었다. 하루 종일 폐지를 주워다 팔아도 돈 만 원 벌기도 힘들다는 것을 알게 되었다. 그리고 식사를 거르는 노인들이 많다는 소식도 접하였다.

그런 분들을 볼 때마다 너무 마음이 아파 차를 몰고 가다가도 내려서 5만 원씩을 쥐어 주곤 했다. 그리고 어떻게 하면 굶주린 노인들에게 따뜻한 밥이라도 먹일 수 있을까 늘 마음에 품고 오랜 시간 고민하며 방법을 찾았다. 그러나 내가 뉴질랜드에 거주하다 보니 방법을 찾기가 쉽지 않았다.

하나님께서는 나의 이 간절함을

수원 나눔센터 빌딩 전경

수원 나눔센터 무료급식

보시고 지난 2018년에 이 사역의 길을 열어 주셨다. 수원에 7층짜리 빌딩을 주셔서 나눔센터를 열게 하셨다. 가장 먼저 어려운 노인들을 위하여 무료 급식을 실시했다. 매일 많은 노인분들이 몰려오셨다. 정성을 다하여 맛있는 음식을 대접해 드렸다. 그리고 그분들의 영혼 구원을 위해 그분들이 주인이 되는 교회도 세웠다. 지금도 매 주일 노인분들이 기쁘게 예배를 드리고 있다.

나눔교회 예배 모습

배급을 기다리는 노인분들

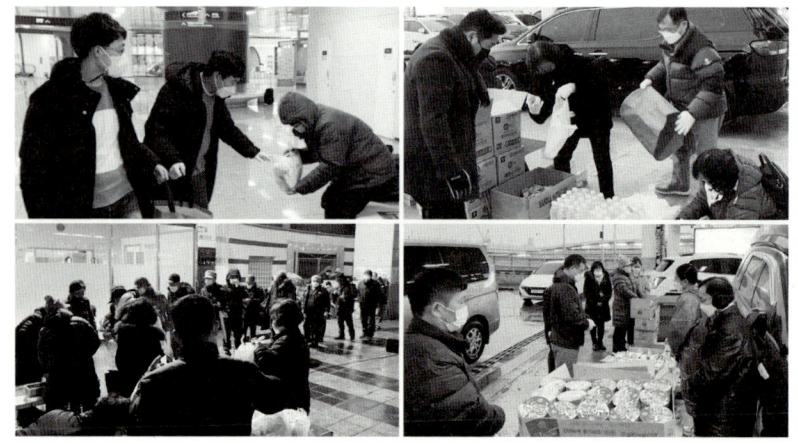

노숙자 섬김사역

    코로나로 모일 수 없게 된 후로 무료 급식은 잠정 중단이 되고, 대신 일주일 먹을 식량을 준비해서 드렸다. 라면, 쌀, 김밥, 빵, 두유, 건빵을 넣어서 푸짐하게 나눠 드렸다. 소문을 듣고 먼 지역에서도 찾아오셨다. 식량을 나눠 주는 날에는 무려 500명 이상이 끝없이 줄을 서신다.

그리고 요즈음 새롭게 시작한 사역이 하나 있다. 수원역에 있는 노숙자 150여 명을 돌보는 일이다. 매주 2회 방문하여 그분들의 필요를 채워 준다. 음식뿐 아니라 옷과 생활용품, 의약품 등 그분들이 필요로 하는 물품들을 미리 파악해서 다 공급해 주고 있다.

무엇보다 상처로 파괴된 그분들의 마음을 그리스도의 사랑으로 회복시키기 위해 온 마음을 기울이고 있다. 이 사역에는 뉴질랜드에서 훈련받고 돌아온 우리 MEC(선교·영어 장학생) 형제자매들의 헌신이 크다. 몸으로 와서 섬길 뿐 아니라 필요한 물품들을 풍성히 공급하고 있다.

하나님의 역사는 참으로 놀랍다. 선한 마음만 가져도 반드시 이루어 주시는 하나님을 찬양한다.

> "땅에는 언제든지 가난한 자가 그치지 아니하겠으므로 내가 네게 명령하여 이르노니 너는 반드시 네 땅 안에 네 형제 중 곤란한 자와 궁핍한 자에게 네 손을 펼지니라" 신 15:11

38.
간호사의 첫 월급

성경은 지식보다 행함에 대해서 가르친다. 예수님은 행함이 없는 삶은 모래 위에 집을 짓는 것과 같다고 하셨다. 야고보 역시 행함이 없는 믿음은 죽은 믿음이라고 했다.

오늘 그리스도인의 가장 큰 문제점은, 하나님의 말씀을 지식적으로는 많이 알고 있으나 행함이 없다는 것이다. 나는 우리 청년들에게 6개월 연수 기간 동안 철저히 행함에 대해서 가르친다. 행함 중에도 구제에 대해서 강하게 가르친다. 행함의 첫걸음이 구제라고 생각하기 때문이다. 구제도 할 수 없다면 결단코 이웃을 내 몸과 같이 사랑할 수 없다.

오랜 시간 동안 청년들을 훈련시키면서 한 가지 충격적인 사실을 발견했다. 이곳에 오는 청년들 대부분은 목회자 자녀이거나 어릴 때부터 신앙생활을 해왔던 청년들이다. 그런데 이들 중에 많은 이들이 일평생 구제를 한 번도 해본 적이 없다는 것이다. 성경은 얼마나 구제를 강조하고 있는지 모른다. 구제는 해도 되고 안 해도 되는 것이 아니다. 그리스도인이라면 반드시 해야 할 의무이다.

> "너는 반드시 그에게 줄 것이요, 줄 때에는 아끼는 마음을 품지 말 것이니라 이로 말미암아 네 하나님 여호와께서 네가 하는 모든 일과 네 손이 닿는 모든 일에 네게 복을 주시리라" 신 15:10

나눌 물질이 없는 것이 문제가 아니라 나눌 마음이 없는 것이 문제이다. 인생에서 물질보다 더 귀한 것은 복된 삶을 사는 것이다. 나눔의 삶을 살지 못하면 그 인생은 절대 복된 삶을 살 수 없다. 하나님은 구제하는 자를 반드시 범사가 복되게 해주신다고 약속하셨다. 나는 이 약속의 말씀을 믿고 늘 체험하고 살기에 누구보다 강하게 구제를 강조한다. 그래서 우리 청년들이 복된 삶을 살도록 이곳에서도 노숙자 사역에 늘 참여시키고 있다.

최근에 감동적인 한 사건이 있었다. 수원 나눔센터에 한 자매가 무려 300만 원이란 거금을 보내왔다. 이 어려운 코로나 시기에 어떤 이유로 이렇게 큰돈을 후원했는지 무척 궁금했다. 본인에게 어렵게 후원을 하게 된 이유를 물어 보았다. 이 자매가 이곳에서 6개월 훈련을 받으면서 한 가지 서원을 했다고 했다. 한국에 돌아가서 첫 월급을 받으면 꼭 어려운 사람들을 위해 헌금하겠노라고…. 약속대로 첫 월급을 바쳤다.

특별히 개인적으로 더 큰 감동을 받은 것은, 자매가 간호사로서 코로나 병동에서 환자들을 돌보는 어려운 일을 하고 있었다는 사실이다. 한여름, 위험을 무릅쓰고 그렇게 고생해서 받은 첫 월급을 어려운 분들을 위해 내어놓았다. 가슴이 뭉클했다. 이 자매에게 하늘의 한없는 복을 내려 주시도록 간절히 기도했다.

지금도 수원 나눔센터에는 과부의 동전 같은 귀한 헌금과 물품을 보내오는 우리 MEC(선교·영어 장학생) 형제자매가 많다. 구제를 통하여 참된 복을 누리고자 하는 이들을 축복한다.

"내 형제들아 만일 사람이 믿음이 있노라 하고 행함이 없으면 무슨 유익이 있으리요 그 믿음이 능히 자기를 구원하겠느냐 만일 형제나 자매가 헐벗고 일용할 양식이 없는데 너희 중에 누구든지 그에게 이르되 평안히 가라, 덥게 하라, 배부르게 하라 하며 그 몸에 쓸 것을 주지 아니하면 무슨 유익이 있으리요 이와 같이 행함이 없는 믿음은 그 자체가 죽은 것이라" **약 2:14-17**

39.
낙심하지 말라

뉴질랜드 땅에서 27년간 학교 사역을 하면서 수많은 일들을 겪었다. 때로는 기쁜 일도 있었고 때로는 슬픈 일도 있었다. 그러나 여러 가지 어려운 일들을 겪으면서도 늘 선교의 열매를 볼 수 있어서 큰 기쁨과 보람이 있었다.

무엇보다 어려운 청년들에게 영어 연수 기회를 주고 열등감에 빠져 자존감을 잃고 사는 청년들에게 하나님 안에서 자긍심을 갖게 도와준 일은 무엇보다 보람된 일이었다. 혹시라도 경제적인 어려움 때문에 자존감을 잃을까 봐 어려운 학생들에게는 특별히 더 관심을 가졌다. 생활비가 부족하면 몰래 불러서 채워 주고, 때로는 병원비, 항공료도 지원해 주었다. 집안에 어려움이 있어 힘들어 하는 아이들에게도 도움의 손길을 주었다. 그래서 지난 20년이 넘는 긴 시간

동안 수천 명의 장학생이 다녀갔으나 돈이 없어 도중에 돌아간 학생은 단 한 명도 없었다.

어느 날 한 자매가 면담을 신청했다. 생활비가 없어 저녁 시간에 시내에서 아르바이트를 해야겠다고 했다. 자매가 있는 장학관에서 시내로 출퇴근을 하려면 어려움이 많았다. 이곳은 대중교통이 활성화되어 있지 않아 자기 차가 없으면 이동하기가 여간 불편하지 않다. 또 아르바이트를 하면 학교에서 수업을 따라갈 수도 없다. 그래서 6개월 생활비를 한 번에 지원해 주었다.

며칠 뒤 자매가 아주 어두운 얼굴을 하고 있었다. 무슨 일이 있는지 물어 보았다. 한국에서 목회하는 부모님 때문에 마음이 아프다고 했다. 아버지 목사님이 조그만 건물 지하에 개척 교회를 하고 계시는데 6개월간 임대료가 밀려 쫓겨나게 생겼다는 것이었다. 마음이 너무 아팠다. 그러나 당시에는 나 역시 뉴질랜드인 영어학교에 직원으로 있으면서 어려운 목회자 자녀들의 영어 연수비를 내주고 있던 상황이었다. 여유는 없었으나 어렵게 6개월 치 임대료를 내어 주었다. 어려운 중에도 한 가정에 약간의 도움을 준 것이 말로 할 수 없이 기뻤다. 자매는 6개월간 연수 과정을 어려움 없이 잘 마쳤다.

한국으로 돌아갈 날이 가까웠을 때, 자매가 나를 찾아와서 이곳 남섬과 호주를 여행한 후에 한국으로 가겠다고 허락을 받으러 왔다.

이곳 남섬은 비행기를 타고 가야 해서 경비도 많이 들고 거리가 멀어 웬만한 교민들도 여행하기가 쉽지 않은 곳이다. 호주는 더욱더 가기가 어렵다. 자매의 어려운 사정을 아는 나로서는 너무 당황스러워 무슨 돈으로 여행을 할 건지 물어 봤다. 자매는 아버지가 꼭 여행을 하고 오라고 돈을 보내 주었다고 했다. 물론 부모님의 심정은 이해가 간다. 두 번 오기가 어려운 곳이니 꼭 여행을 시키고 싶었을 것이다. 그러나 자매가 나이가 어린 것도 아니고 충분히 부모님의 사정을 이해할 대학생인데 이렇게 여행을 한다는 것이 이해할 수가 없었다. 나는 여행의 기회는 살아가면서 얼마든지 오니 그 돈으로 아버지 사역을 돕도록 조용히 권면했다. 그러나 자매는 나의 조언은 아랑곳하지 않고 여행을 다 마치고 한국으로 갔다.

대부분의 장학생들이 과정을 마치고 한국으로 가기 전에 꼭 감사 카드를 주고 간다. 그런데 이 자매는 한마디 인사도 없이 가버렸다. 선을 행하다 보면 때때로 낙심하기도 한다. 그때마다 굳게 마음을 다진다. 선행은 내가 하는 것이 아니고 아버지 하나님이 하신다는 것을, 그리고 이 일을 할 수 있게 은혜를 허락하신 하나님께 감사와 영광을 돌려야 한다는 것을 늘 회개하는 마음으로 되새기게 된다.

"만일 누가 말하려면 하나님의 말씀을 하는 것 같이 하고 누가 봉사하려면 하나님의 공급하시는 힘으로 하는 것 같이 하라 이는 범사에 예수 그리스도로 말미암아 하나님이 영광을 받으시게 하려 함이니 그에게 영광과 권능이 세세에 무궁하도록 있느니라 아멘"

벧전 4:11

40.
Are you God?

뉴질랜드에서 살아온 지도 벌써 28년이 되었다. 뉴질랜드는 전 세계인들이 '지상낙원'이라고 할 만큼 아름다운 나라이다. 어디를 가도 그림처럼 아름답다. 더구나 복지제도가 잘되어 있어 어려운 사람들도 많은 혜택을 누리고 산다.

이곳에서 살다 보니 뉴질랜드라는 나라에 때때로 참 감사한 마음이 든다. 이 아름다움을 유지하기 위해 정부가 많은 투자를 한다. 특히 전 국토의 잔디 관리에만도 엄청난 돈을 쏟아붓고 있다. 이런 환경을 누리고 살아가니 항상 고마운 마음이 드는 것이 당연하다. 특별히 나는 하나님의 은혜로 이 땅에서 많은 부를 누리고 있다. 그래서 더더욱 고마운 마음을 가지게 된다.

어느 때부터인가 내 안에 뉴질랜드 민족에게 조금이라도 은혜를 갚아야겠다는 마음이 생겨났다. 워낙 복지제도가 잘되어 있어 도움을 줘야 할 어려운 사람을 찾기가 그렇게 쉽지가 않았다. 그래서 어려운 사람을 돕는 프로그램이 있으면 꼭 동참하곤 했다. 어려운 지역에 있는 학교에 아침을 나눠 주기도 하고, 아웃리치를 통해 천 개가 넘는 소시지빵을 구워 종종 나누기도 했다.

그러던 중에 어느 날 시내를 방문했다가 길거리에 있는 많은 노숙자들을 보게 되었다. 사실 처음에는 그들을 잘 이해할 수가 없었다. 나라에서 충분한 지원을 해줄 텐데 왜 이렇게 노숙자가 되었을까? 그냥 이런 생활을 즐기는 게 아닐까 하는 의구심을 가졌다. 그러나 그들의 모습 속에 내가 알 수 없는 깊은 아픔의 상처가 있음을 깨달았다.

햄버거와 생필품 나눔

그들의 필요를 조금이라도 채워 주기 위해 우리 장학생들과 함께 노숙자 사역을 시작했다. 처음에는 필요한 것을 사도록 매번 10달러, 20달러씩 돈을 나눠 주었는데 많은 노숙자들이 몰려들었다. 어느 날 한 노숙자가 조용히 나를 찾아와서 돈을 주면 안 된다고 조언을 했다. 돈을 함께 모아서 마약을 사기도 한다고 했다. 그 말을 들은 후부터는 고급 햄버거와 간식 팩과 물 그리고 타월, 치약, 칫솔, 비누 등 생필품을 나누어 주었다. 줄이 끝이 없었다.

가져온 물품을 나누어 주기 전에 늘 함께 'God is so good' 찬양을 부르고 짧은 메시지와 기도로 예배를 드렸다. 시간이 지나가면서 그들의 모습이 조금씩 변하기 시작했다. 기도를 요청하는 노숙자도 있고, 성경을 구해 달라는 노숙자도 있었다. 그들은 우리가 가는 날을 간절하게 기다렸다. 그러나 모두가 다 이렇지는 않았다. 일부는 우리에게 욕을 퍼붓기도 하고 주먹으로 치려고도 했다. 그러나 그들을 만나는 시간은 참으로 기쁘고 복된 시간이었다.

노숙자와 함께 찬양

그들에게 나눠 주는 물품의 대금만 해도 1년에 수억에 달했다. 길게 줄을 선 사람들에게 물품을 나누어 준 후에는 이곳에 오지 않고 길에서 구걸하고 있는 노숙자들을 일일이 찾아 챙겨줬다. 멀리서 우리가 보이면 손을 흔들며 그렇게 반가워할 수가 없었다. 때때로 좋은 말들로 우리를 위로해 주기도 했다. "당신들이 진짜 그리스도인이요", "당신들 교회에 꼭 나가고 싶소", "이곳에 교회를 세워 주시오" 등….

어느 날 한 70대로 보이는 할머니 노숙자가 햄버거와 돈을 받아 들고 진지한 눈빛으로 몇 차례 이렇게 외쳤다

"Are you God? Are you God?"

우리는 진정으로 하나님께 영광을 돌렸다.

할머니 노숙자

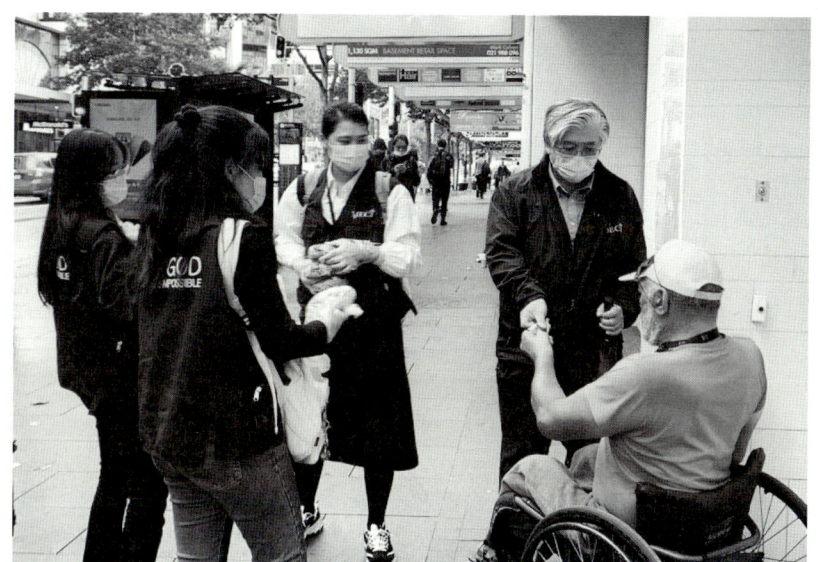

노숙자와 함께

"이같이 너희 빛이 사람 앞에 비치게 하여 그들로 너희 착한 행실을 보고 하늘에 계신 너희 아버지께 영광을 돌리게 하라" 마 5:16

41.
한 여인의 아픔

우리 학교에서는 초등학생부터 70대 어르신들까지 영어 공부를 한다. 다양한 국적에 남녀노소를 불문하고 영어가 필요한 사람은 누구나 와서 공부를 한다. 어느 날 20대 후반의 한 젊은 여성이 한국에서 영어 공부를 하러 왔다. 미혼이라고 본인을 소개했다. 교회에도 열심히 나오고 신앙생활도 충실히 했다.

몇 달이 흘러 인간적으로 많이 가까워졌을 때에 조심스럽게 자신의 아픔을 이야기했다. 몇 년 전 결혼을 해서 어린 딸이 하나 있는데 남편이 갑자기 교통사고로 세상을 떠났다고 했다. 충격이 너무 커서 정상적인 삶을 살 수 없을 때 누군가 우리 학교를 소개해 주었다고 했다. 이곳에서 모든 것을 잊고 안정을 찾도록 하기 위함이었다. 그래서 어린 딸을 친정어머니에게 맡기고 마음을 추스르기 위해

왔다고 했다. 어떻게 이 자매를 도울까 생각하다 우선 딸을 데리고 오도록 했다. 그리고 우리 장학관에 함께 살 수 있도록 배려를 했다.

가장 큰 문제는 아이가 학교를 가야 하는데, 유학생 자녀 신분이라서 학비가 매우 비싸다는 것이다. 마침 인근에 크리스천 사립학교가 있어서 교장선생님에게 사정을 이야기하고 도움을 청했다. 다행히 학비를 많이 할인해 주었다. 그럼에도 이 자매가 감당할 형편이 되지 못했다. 우리가 대신 학비를 내주었다. 몇 년간 아픔을 딛고 잘 생활하였다.

그런데 너무나 안타깝게도 이 자매에게서 유방암이 발견되었다. 뉴질랜드에서 치료를 받는다는 것은 사실상 불가능했다. 첫째로 외국인에게는 의료비가 상상을 초월할 만큼 비쌌고, 둘째는 수술을 하려면 이곳에서는 몇 달 혹은 몇 년을 기다려야 했다. 하루속히 한국에서 치료를 받는 것이 가장 합당한 방법이었다.

급히 두 사람의 항공권을 구입해서 한국에서 수술을 받게 했다. 다행히 초기라 수술이 잘 되었고 회복도 빨랐다. 자매가 한국에서 회복하는 동안 집회차 한국에 갔다가 만나 볼 수 있었다. 그리고 몇 달 뒤 회복이 되어 딸과 함께 다시 뉴질랜드에 들어왔다. 그리고 얼마 뒤 다른 지역에 일자리를 찾아 떠났고, 오랜만에 다시 소식을 듣게 되었다. 벌써 딸아이가 커서 한국에서 대학을 다닌다고 했다. 참으로 감사한 일이었다.

우리 곁에는 항상 어려운 자들이 있다. 그리고 그들을 돌보도록 하셨다. 탈무드에 이런 이야기가 있다.

어느 날 랍비 아키바에게 어떤 철학자가 물었다.

"만일 그대의 하나님이 가난한 자를 사랑하신다면, 어째서 하나님은 가난한 자를 돌보시지 않는가?"

아키바는 이렇게 대답하였다.

"하나님께서는 선을 행할 기회를 우리에게 베푸시기 위하여 가난한 자들을 항상 우리 곁에 있게 하셨다네."

하나님은 선한 일을 하도록 우리를 만드셨다. 이것은 창조의 목적이요, 또한 우리가 이 땅에서 평생 해야 할 사명이다. 이 사명을 감당할 때에 하나님께서는 우리에게 복을 내려 주시고 존귀하게 사용하신다.

"우리는 그가 만드신 바라 그리스도 예수 안에서 선한 일을 위하여 지으심을 받은 자니 이 일은 하나님이 전에 예비하사 우리로 그 가운데서 행하게 하려 하심이니라" 엡 2:10

42.
선교사 아내의 죽음

한때 우리 학교에 선교사 몇 가정이 와서 영어 공부를 했다. 어려운 형편이라 모두 장학금을 주어 무료로 공부하도록 했다. 한번은 함께 이런저런 대화를 나누는 중에 본인들의 어려운 형편을 이야기했다. 어느 선교단체에서 함께 생활을 하고 있는데 돈이 없어 치약도 이 집 저 집 빌려서 사용한다고 했다. 참으로 안타까웠다. 그래서 큰돈은 아니지만 생활에 도움이 되도록 약간의 돈을 후원하곤 했다.

영어 과정을 마치고 각자 사역을 위해 떠나갔다. 몇 년이 흘러 우연히 어느 집사님으로부터 이곳에서 공부했던 한 선교사님의 사정을 듣게 되었다. 그분은 이곳에서 지난 몇 년간 열심히 교인들을 대상으로 제자훈련을 했다고 했다. 그런데 어느 날 아내가 몸이 좋지 않아 진료를 받았는데 췌장암이라는 것이었다. 그래서 이곳 사역을 접고 급히 한국에 치료차 나가 있다고 했다.

내가 알기로는 췌장암은 아주 치료가 어려운 암이다. 제일 염려가 된 것은 치료와 경제적인 문제였다. 이곳에서도 그렇게 어려웠는데 한국에서 어떻게 병원비를 감당할까 염려가 되었다. 나하고 별다른 친분이 없었기에 여러 경로를 통해서 어렵게 연락처를 알아냈다. 연락을 해보니 염려대로 수술은 했으나 완치를 장담할 수 없는 상태였다. 남편 선교사 혼자서 늘 병상의 아내를 돌보고 있었다. 내가 할 수 있는 일이라곤 기도와 물질적인 후원뿐이었다. 수시로 연락하며 위로하고 병원비를 보냈다. 한국에 집회가 있을 때면 꼭 선교사님을 경치가 좋은 곳으로 불러 함께 식사를 하며 바람을 쐬곤 했다.

투병 기간은 길었다. 1년이 넘도록 병원 생활을 했으나 암은 갈수록 악화되었다. 조금씩 후원했던 병원비도 어느새 큰 액수가 되었다. 우리의 간절한 바람에도 불구하고 사모님은 젊은 나이에 소천하셨다.

아내가 소천한 뒤 한동안 선교사님은 많이 힘들어했다. 이곳저곳 선교지를 다니면서 마음을 달래곤 했다. 그 뒤로도 한국을 방문 할 때면 가끔 만나서 위로를 했다. 자주 서로 연락은 하지 못하지만 종종 카톡으로 안부를 전하며 나를 위해서 기도하고 있다고 했다.

한동안 소식이 뜸하다가 최근에 반가운 소식을 전해 왔다. 좋은 믿음의 자매를 만나 새로운 가정을 꾸렸다고 했다. 참으로 감사한 일이다. 아직 젊은 나이에 해야 할 사역이 많을 텐데 하나님께서 동역자를 보내 주셔서 큰 위로와 기쁨이 되었을 줄 안다. 축복의 메시지를 보내고 앞으로 더 아름다운 사역을 감당하기를 간절히 소망했다.

인생을 살아가다 보면 누구에게나 원치 않는 아픔이 올 때가 있다. 아픔은 함께 나누면 반으로 줄어들고 기쁨은 함께 나누면 배로 늘어난다. 하나님은 우리에게 언제나 형제의 아픔과 기쁨을 함께 나누도록 하셨다. 이것이 바로 그리스도의 마음이다. 주님께서도 죄인 된 우리가 받을 형벌의 아픔을 자신의 아픔으로 여기시고 친히 종의 몸으로 십자가에 죽으시기까지 우리를 섬기셨다. 사랑이란 함께하는 것이다. 기쁨도 아픔도 슬픔도 행복도 함께하는 것이다. 오늘 우리는 내 이웃을 내 몸과 같이 사랑하라는 말씀을 깊이 새겨야 할 때이다.

> "너희 안에 이 마음을 품으라 곧 그리스도 예수의 마음이니 그는 근본 하나님의 본체시나 하나님과 동등됨을 취할 것으로 여기지 아니하시고 오히려 자기를 비워 종의 형체를 가지사 사람들과 같이 되셨고 사람의 모양으로 나타나사 자기를 낮추시고 죽기까지 복종하셨으니 곧 십자가에 죽으심이라" 빌 2:5-8

43.
선교자금원, 쇼핑센터

　나이가 들어가면서 내 마음에 한 가지 큰 부담이 생겼다. 어떻게 하면 하나님이 맡겨 주신 것을 지혜롭게 잘 관리하고 하나님 앞에 서느냐 하는 문제였다. 나의 간절한 소망은 이 땅을 떠나기 전에 가진 것을 하나님의 뜻에 따라 다 나누고 가는 것이다. 그러다 보니 60세 이후에는 나눔 사역으로 마무리를 해야겠다는 마음이 간절했다. 그리고 나름대로 바누아투를 비롯한 선교지에 엄청난 프로젝트를 구상했다. 청교도 마을을 만들어 원주민들을 자급자족하게 하고 그 민족을 새롭게 변화시키는 그런 원대한 계획들을 세웠다. 이 프로젝트를 하려면 엄청난 돈이 필요했다.
　그런데 학교 사역을 하는 동안은 빌딩도 집들도 처분할 수가 없었다. 오랜 고심 끝에 이제 학교 사역은 접고 모든 재산을 처분하여 향후 10년간 본격적인 나눔 선교 프로젝트를 하려고 했다. 자금 확보를 위하여 가장 먼저 우리 학교사역의 자금원이었던 10층짜리 빌딩을 처분했다. 그리고 학교를 이제 그만하게 됐다고 교육부와 모든 에이전트들에게도 통보를 했다.

이러한 결정을 한 후에 너무나 큰 두려움에 빠지고 말았다. 진노하시는 하나님의 모습을 보았다. "내가 세운 학교를 왜 네 마음대로 문을 닫느냐?"라고 호통치시는 하나님의 음성이 들려왔다. 너무나 두려웠다.

내 인간적인 생각이 하나님의 뜻을 망각하게 하였다. 교만함과 어리석음을 회개하고 다시 일어섰다. 문제는 학교의 자금원이었던 빌딩을 처분하고 나니 학교를 운영할 자금을 마련할 방법이 없었다. 다시 자금원이 될 만한 좋은 빌딩을 찾아다녔으나 1년이 넘도록 구할 수가 없었다.

지쳐 포기하고 하루하루 힘든 날을 보내던 어느 날, 아들이 갑자기 놀라운 소식을 전해 주었다. 아들의 핸드폰으로 한 부동산 에이전트가 대형 쇼핑센터 매물을 보내 주었다. 그 매물을 보는 순간 하나님께서 우리를 위해 준비하신 쇼핑센터라는 강한 성령의 감동이 왔다. 급히 은행과 협의를 하고 오퍼를 내었다. 무려 여덟 곳에서 오퍼를 내었다. 경쟁이 치열했다. 2차 경쟁에서 두 곳만 남았다. 바로 우리와 호주 대기업이었다. 이 호주 기업은 이미 이 쇼핑센터에서 매년 7억 정도의 임대료를 내며 사업체를 운영하고 있었다. 그들은 필사적으로 이 쇼핑센터를 구입하려고 애를 썼다.

　마지막 결정의 순간을 놓고 새로운 가격을 적어 넣을 때에는 전적으로 하나님께 매달렸다. 하나님이 감동으로 주시는 가격으로 적어 놓고 결과를 기다렸다. 나중에 알고 보니 그들이 우리보다 2억 정도 많은 금액을 제시했다. 그러나 놀랍게도 이 쇼핑센터는 우리에게 주어졌다. 하나님의 놀라운 역사였다.

　하나님께서는 우리의 중심을 아시고 또 한 번의 은혜를 베푸셨다. 이 쇼핑센터를 통해서 은행 융자를 갚고도 매년 7억 원이라는 수익금을 주셨다. 선교를 해나가는 데 어려움이 없도록 새로운 재정의 길을 열어 주셨다. 이 쇼핑센터는 7개의 대형 매장과 소형 점포들로 구성되어 있다. 750대의 주차 공간도 마련되어 있다. 그리고 앞으로 새로운 매장들을 지을 수 있는 충분한 땅도 준비되어 있다. 우리가 쇼핑센터를 구입한 이후로 이곳은 뉴질랜드에서 가장 빠르게 발

하나님께서 허락하신 기적의 선물 '메가쇼핑센터' 전경

전하는 지역이 되었다. 앞으로 미래적 가치는 가늠할 수가 없다.

　나는 절대 물질 축복을 자랑하고자 하는 것이 아니다. 진실한 마음으로 사명에 충실할 때 사역을 감당할 수 있도록 역사해 주시는 하나님의 능력을 증거하고자 함이다. 그래서 우리 모두에게는 소망이 있다. 우리의 힘과 능력으로 살아가는 것이 아니라 오직 하나님의 은혜로 살아가기 때문이다.

"나를 사랑하는 자들이 나의 사랑을 입으며 나를 간절히 찾는 자가 나를 만날 것이니라 부귀가 내게 있고 장구한 재물과 공의도 그러하니라" 잠 8:17-18

44.
비즈니스 클래스

하나님의 역사를 담은 간증집 두 권이 발간되고 여러 곳에서 집회 요청이 쇄도했다. 1년에 약 4개월 동안 100여 개 교회와 대학교 등에서 집회를 했다. 방송에도 많이 출연하고 여러 매체에서 인터뷰도 했다. 그러나 일주일 내내 가득한 일정을 내 몸이 감당하지 못했다. 몸살로 침을 삼키기도 어려운 때가 많았다. 때로는 순교할 마음으로 전국을 다니며 집회를 강행하기도 했다.

국내뿐 아니라 해외 집회도 종종 있었다. 한번은 뉴욕의 한인 교회에 집회를 갔다. 무려 14시간 동안 비행기를 타느라 녹초가 되었다. 집회를 하고 나서 심한 몸살을 앓았다. 아픈 몸을 이끌고 다음 집회를 위해 한국으로 오는데, 일반석에 앉아 장시간 비행할 엄두가 나지 않았다. 한국에 도착하면 바로 전라도 여수에 집회를 가야 하는데 이 상태로는 도저히 갈 수가 없을 것 같았다.

그래서 대한항공 카운터를 찾아가서 사정을 이야기했다. 가끔 마일리지가 높은 승객들에게는 일반석을 끊어도 비즈니스석으로 변경해 주기 때문이다. 그날은 아무리 사정을 해도 되지 않았다. 워낙 마일리지 높은 사람들이 많아서 나는 해당이 안 된다고 했다. 물론 돈을 더 내고 비즈니스석으로 변경할 수는 있으나 추가 비용이 매우 비쌌다. 그래서 포기하고 들어와서 탑승을 기다리고 있었다. 그런데 왠지 마음속에 하나님께서 이대로 가게 하시지는 않을 것이라는 소망이 생겼다. 그래서 비행기 탑승이 시작될 때 계속 탑승구를 주시하였다.

드디어 탑승이 시작되어 우선순위대로 사람들이 탑승을 했다. 일등석과 비즈니스석의 승객들이 모두 탑승한 후에 갑자기 마이크에서 나와 아내의 이름이 호명되었다. 탑승구 카운터 직원에게 오라는 것이었다. 나는 그 순간을 기다리고 있었기에 바로 달려갔다. 직원의 입에서 "비즈니스석으로 승급되었습니다"라는 감동적인 말이 들려왔다. 가슴이 뭉클했다. 입에서는 계속 '할렐루야'가 쏟아졌다. 아내에게 목멘 소리로 외쳤다.

"보시오, 하나님이 살아 계시잖아요!"

몸이 아프고 더군다나 복음을 위해 집회를 다니는데, 돈을 더 내고 비지니스석을 탄다고 해서 하나님께서는 절대로 야단치실 분이 아니시다. 오히려 기쁘게 생각하실 것이다. 다만 내 마음에 용납되지 않았을 뿐이다. 하나님의 물질을 나의 안락함을 위해 쓰는 것이 오히려 마음에 불편했다. 하나님은 나의 중심을 아셨기에 기적을 보여 주셨다. 그들이 왜 나에게 이런 호의를 베풀었는지 나는 전혀 알 수가 없다. 내가 알 수 있는 분명한 사실은 하나님께서 해주셨다는 것이다.

나는 평생 이런 기적을 일상처럼 체험하고 살아왔다. 과거에도 늘 이렇게 하셨고, 현재에도 하시고, 미래에도 기적을 일상처럼 체험하게 하실 것이다. 내가 탄 비행기는 최신 비행기로 비즈니스석 의자가 180도로 눕혀지는 최첨단 의자였다. 거의 한국에 도착할 때까지 깊은 잠을 잘 수 있었다. 얼마나 행복한 잠을 잤는지 모른다.

마음속으로 생각했다. 다니엘은 왕의 명령을 거절하고 예루살렘을 향하여 하루 세 번씩 기도하다 사자 굴에 던져졌다. 그날 밤 천사들이 함께하며 사자들 품에 안겨 가장 행복한 잠을 잔 다니엘의 잠이 이런 잠이 아니었을까⋯.

"여호와께서 그를 황무지에서, 짐승이 부르짖는 광야에서 만나시고 호위하시며 보호하시며 자기의 눈동자 같이 지키셨도다"
신 32:10

45.
소나타 타세요

뉴질랜드에서의 처음 삶은 참으로 초라했다. 돈 나올 곳이 전혀 없었던 유학 시절에는 단 1달러 쓰기도 두려웠다. 살림은 전부 개러지 세일(garage sale)에서 저렴하게 구입한 물건들이었다. TV 받침대는 사과 궤짝 같은 것을 주워서 사용했다. 모든 살림을 구입하는 데 200달러가 채 들지 않았다.

집은 오래된 난민촌 같은 곳이었다. 오래된 카펫에서는 곰팡이 냄새가 진동을 했다. 한국에서 부족함 없이 살다 하루아침에 거지가 된 것 같았다.

그러나 워낙 굳은 결심을 하고 왔기에 견딜 만했다. 오죽하면 교회 식구가 찾아와서 사과 궤짝 같은 TV 받침대에 비닐 커버를 씌워 주고 갔다.

참으로 초라한 삶이었지만 그나마 내 마음에 큰 위로를 주는 것이 하나 있었다. 바로 자가용 승용차였다. 경매에서 5년 된 일본 중고차를 8천 달러에 구입을 했다. 남들 눈에는 하찮게 보였을지 몰라도 나에게는 평생 타보지 못한 고급차였다. 일본 마쓰다에서 만든 루이스라는 차종이었는데, 한국의 기아자동차에서 포텐샤라는 이름으로 판매한 적이 있다. 그 당시 이 차는 중소기업 사장들이 주로 타는 고급차였다. 비록 중고차였지만 이 차를 탈 때만큼은 아주 행복했다. 그리고 특별히 차를 아꼈다.

주일날 현지 교회에서 예배를 드리는데, 평상시 잘 보지 않았던 교회 소식이 그날따라 눈에 확 들어왔다. 큰 글자로 급히 자동차가 필요하다고 쓰여 있었다. 내용인즉 피지에서 선교하는 선교사님 가족이 한 달간 안식차 나왔는데 급히 차량이 필요하다는 것이다. 사실 그때 우리 가족은 방학을 맞이하여 잠시 한국을 방문하기로 계획되어 있었다. 당연히 차는 집에 세워 둬야 했다. 그러나 나의 유일한 기쁨이고 재산목록 1호인 차를 누구에게도 빌려줄 마음이 없었다. 애써 광고를 외면하려고 했다.

예배를 마치고 집에 왔는데 계속 귓가에 들려오는 소리가 있었다.

"그 차가 네 차냐?"

모든 것이 하나님의 것인데 내 차인 양 도움을 외면하려 했던 나 자신이 부끄러웠다. 곧바로 교회에 전화를 해서 내 차를 빌려주겠노라고 했다.

그동안 돈을 쓰기가 두려워 지도책 한 권을 사지 못했다. 그 당시는 지도책이 없으면 어느 곳도 찾아갈 수 없었다. 그래서 먼저 지도책을 사서 넣어 두고 깨끗이 세차하고 기름을 가득 채워 선교사님에게 전해 드렸다. 그러면서 한편으로 이런 기대감이 있었다. 하나님께서도 분명 한국에서 내가 탈 차를 준비해 주실 거라고….

한국으로 갈 날이 다가왔다. 사실 나는 교통사고로 다리에 장애가 있어서 대중교통을 이용하기에는 어려움이 많았다. 더구나 한국은 겨울이라 조금의 염려가 있었다.

그 당시 한국에서 잠시 뉴질랜드를 방문했던 장로님이 한 분 계셨다. 장로님은 늘 자기 차를 자랑하곤 했다. 소나타가 처음 나올 시기인데 새 차를 구입했다고 행복해했다. 그리고 자기는 마누라보다 차를 더 아낀다고 농담을 하곤 했다. 이번 뉴질랜드 방문 때에도 교회 성도가 돈을 주겠다고 해도 빌려주지 않았다고 했다. 그런데 출국 하루 전날 이 장로님이 나를 찾아와서 그렇게 아끼던 소나타 키를 주었다. 자기 아파트 주차장에 세워 두었으니 잘 사용하라고 했다. 하나님은 참으로 빈틈이 없으시다. 정확하게 나의 필요를 채워 주셨다.

내 삶을 뒤돌아볼 때 하나님은 한 번도 그냥 넘어가신 적이 없다. 반드시 심은 대로 갚아 주셨다. 이렇게 신실하고 오류가 없으신 하나님을 믿고 살아감이 얼마나 큰 은혜인가!

"선지자의 이름으로 선지자를 영접하는 자는 선지자의 상을 받을 것이요 의인의 이름으로 의인을 영접하는 자는 의인의 상을 받을 것이요" 마 10:41

46.
한 청년의 고난

우리 학교를 다녀간 한 청년이 있었다. 목회자 자녀로 믿음도 좋고 성품도 좋은 흠잡을 데 없는 아름다운 청년이었다. 명문 기독교 대학을 다니면서 목회자의 길을 준비하고 있었다. 특별히 복음을 모르는 외국 영혼들을 사랑하고 잘 챙겼다.

그런데 이곳에서 학업을 마치고 한국으로 돌아간 후 안타까운 사연이 들려왔다. 어느 날 학교에서 외국 영혼들에게 복음을 전하다 학교 통학버스 시간이 임박해져서 자전거를 타고 급히 정류장으로 달려갔다. 안타깝게도 그만 자전거가 넘어져 뇌를 크게 다쳤다. 서울 유명 종합병원으로 옮겨서 대수술을 받았으나 의식을 회복하지 못했다.

너무 마음이 아팠다. 이렇게 하나님을 사랑하던 청년에게 왜 이런 일이 일어났을까? 마음속에서 계속 이 질문의 답을 생각했으나 하나님의 그 깊고 깊은 뜻을 도저히 헤아릴 수 없었다. 그러나 하나님께서 이 형제에 대한 분명한 목적을 가지고 계실 줄 믿었기에 회복의 소망을 버리지 않고 늘 기도했다.

이 상황에서 내가 할 수 있는 일이 무엇일까 생각했다. 형제의 아픔도 크지만 그 가족들이 겪을 아픔을 생각하니 더욱 마음이 아팠다. 우리 학생들과 함께 매년 두 차례 특별헌금을 하고 늘 기도했다. 그리고 한국에 돌아가면 꼭 병원에 찾아가서 위로해 주도록 했다. 나 역시 한국 집회차 나가게 되면 시간을 내어 병원을 찾았다.

그렇게 벌써 8년째 접어들었다. 우리는 하나님의 때를 알 수 없다. 그저 우리가 해야 할 일을 하며 묵묵히 기다릴 수밖에 없다. 형제의 아버지는 가슴속에 있는 아픔을 글로 담아 보내왔다.

7년

다시 가라 하면 못 갈 우리들의 7년
'계시 의존적 사색'을 외치며
영혼 구원에 바쁜 나날이었고
사랑 그게 쉽지 않아 아파하고
사회구조에 불만이던
만 7년 전에 너는

병상이 등판 되어 엄마는 물론
말할 줄도 웃을 줄도 모르며
그냥 사람인 채로 마냥 7년을
냅다 보냈구나

계절은 제대로 굴렀고
하나님의 사람들이 순번대로
찾아왔고 우리는 살아 내어
오늘도 정직하게 숨을 쉰다

앞으로의 7년을 기대할 수 없는 일이나
포기하지 않고 절망 또한 않고
웃으며 너를 볼게

주님의 ○○○, 8년차 계급을 단
너를

약속한 적 없지만 입 모아 모두들
희망이라 부른다
너를

이 시를 보면서 같은 아비로서 가슴이 메어지는 아픔이 있었다.

그러나 죽은 자도 살리시는 분이 하나님이시기에 오늘도 소망을 버리지 않는다. 형제의 아버지는 늘 감사의 인사를 잊지 않으셨다.

목사님, 보내 주신 사랑의 헌금 잘 받았습니다. 정말 감사합니다. 감사라는 말보다 더 좋은 말이 있었으면 좋겠다는 생각을 많이 합니다. 한두 번도 아니고 매년 몇 차례씩 감당하지 못할 큰 금액을 ○○이를 위해 헌금해 주시니 너무 감사드립니다. 풍족한 가운데 보내 주신 것이 아니라 살을 깎는 심정으로 힘에 겹도록 도와주신 줄 압니다. 그래서 저희들에게는 목사님과 섬기시는 교회와 모든 성도님들이 보이지 않는 하나님의 따뜻한 손길입니다. 인간의 생각을 뛰어넘는 사랑으로 늘 저희들에게 감동과 위로를 주시는, 하늘 아버지의 어루만짐입니다. 즐거워하는 자들과 함께 즐거워하고 아파하는 자들과 함께 아파하는, 그리스도의 몸 된 지체가 뭔지 실제적으로 알게 해주시는 모델입니다.

그래서 너무너무 항상 고마운 마음은 있지만 어찌할 수 없어 이렇게 글로만 인사드리게 되어 송구스럽습니다. 앞으로도 저희들은 이 큰 사랑을 잊지 않고 절망하지 않는 모습으로 주님의 치료의 역사가 일어나는 때를 기다리겠습니다. 감사합니다. ○○이를 사랑하는 마음으로 기도해 주시고 사랑으로 헌금해 주신 목사님을 비롯한 모든 교회 성도님들께 하늘의 신령한 복과 각양 좋은 은사가 차고 넘치시기를 기원합니다. 그뿐만 아니라 섬기시는 교회가 더욱 주님의 은혜로 부흥하고, 성도들의 기업이 주님의 복으로 충만하고, 복음 전파 사역에 귀하고 아름다운 열매가 가득하시기를 기도드립니다. 감사합니다.

"즐거워하는 자들과 함께 즐거워하고 우는 자들과 함께 울라 서로 마음을 같이하며 높은 데 마음을 두지 말고 도리어 낮은 데 처하며 스스로 지혜 있는 체 하지 말라" **롬 12:15-16**

47.
구제가 사라진 교회

한국에서 집회를 하던 중 매우 안타까운 뉴스를 접하였다. 대구의 어느 개척 교회 목사님의 사택에서 화재가 났다. 집은 전소되고 사모님과 두 딸은 큰 화상을 입었다. 큰딸은 화마를 피해 4층에서 뛰어내렸다가 얼마 뒤 세상을 떠났다. 새벽에 일어난 불이라 새벽기도회로 교회에 갔던 목사님만 화마를 피했다. 너무 참담하고 마음이 아팠다.

주일날 아침에 우연히 인터넷에서 이 소식을 접하고 가족의 병원비에 조금이라도 도움이 되도록 1천만 원을 바로 송금했다. 그리고 이 소식을 가까운 몇 분의 목사님에게 알려서 동참하도록 부탁을 했다.

한 목사님은 당일 대예배 시간에 이 사실을 알리고 그날 헌금은 화재를 당한 목사님 가족을 돕는 구제 헌금으로 하기로 결정을 했다. 참 마음이 따뜻했다. 그런데 문제가 발생했다. 예배 후 장로님들이 모여 담임목사님에게 심하게 항의한 것이다. 왜 당회 결정도 없이 멋대로 구제 헌금을 했냐는 것이다. 물론 교회 절차상 그렇게 하는 것이 맞는지 모르나 구제를 하는 일에 이렇게 인색한 모습을 보며 안타까움을 넘어 참담했다. 담임목사님은 당회에 이런 안건을 올리면 찬성할 장로들이 없다고 말했다. 어려운 목사님의 가정을 꼭 도와야겠기에 그런 결정을 한 것이다. 이 일로 인해 갈등은 더욱 깊어졌고 결국 목사님은 사임했다.

나와 동역하는 한 목사님도 1천여 명 되는 교회를 8년간 담임을 하다 결국 사임을 했는데, 이유 중 하나는 구제나 선한 일을 하려 하면 늘 장로님들의 반대에 부딪혀 아무것도 할 수 없었다는 것이다. 한번은 청년들이 모이는 공간의 방바닥이 너무 차서 전기 패널을 깔아 주었는데 그것을 문제 삼아 심하게 괴롭힘을 당했다는 것이다. 이것이 오늘 교회의 모습이다.

교회는 오직 구제와 선교를 위해 존재한다. 교회의 사명을 잃어버리면 교회는 더 이상 교회가 될 수 없다. 초대교회가 태동할 때에 가장 먼저 했던 것이 어려운 자들을 돕는 유무상통(有無相通)이었다.

"믿는 무리가 한마음과 한뜻이 되어 모든 물건을 서로 통용하

고 자기 재물을 조금이라도 자기 것이라 하는 이가 하나도 없더라" 행 4:32

형제들이 옆에서 굶주리고 있는데 무슨 복음의 역사가 일어나겠는가? 그래서 초대교회 성도들은 모두 한마음이 되어 서로를 돌보았다. 그러한 구제 덕분에 초대교회에는 가난한 자가 없었다고 기록하고 있다. 오늘따라 마틴 루터 킹 목사님의 유언이 더욱 마음을 뜨겁게 한다.

"내가 이 세상을 하직한다면, 나는 당신들에게 다음과 같은 유언을 남기고 싶습니다. 내가 이 세상을 떠난다면 거창한 장례식을 삼가 주시오. 그리고 긴 찬사도 삼가 주시오. 또 내가 노벨상 수상자라는 것도 말하지 말아 주시오. 나의 학벌도, 그것들은 그렇게 중요하지 않습니다. 내가 바라는 것은 마틴 루터 킹은 다른 사람들을 위해 살다가 갔다고 말하여 주는 것입니다. 나는 가난한 사람들에게 빵을 주기 위해, 헐벗은 사람들에 옷을 주기 위해 살다가 갔다고 말해 주시오. 내 생애에서 감옥에 갇힌 사람들을 찾다가 갔다고, 뭇사람을 섬기고 사랑하다가 갔다고 말해 주기를 나는 바랄 뿐입니다."

"가난한 자를 보살피는 자에게 복이 있음이여 재앙의 날에 여호와께서 그를 건지시리로다" 시 41:1

48.
신학생의 결혼반지

뉴질랜드에서 신학 공부를 하는 동안이 나에게는 일생에서 가장 힘든 시간이었다. 첫째는 경제적인 어려움이고, 둘째는 영어로 학업을 따라 가는 것이고, 셋째는 미래에 대한 두려움이었다. 1달러 쓰는 것도 두려워서 최대한 아끼고 또 아끼며 살았다. 학교에 갈 때도 기름 값을 아끼려고 4명이 차 한 대로 카풀을 했다.

그러나 신학생들 중에는 우리보다 더 어려운 학생들도 있었다. 남태양평 국가인 피지나 솔로몬 등 빈민 국가에서 유학을 온 학생들이다. 이들은 항상 배고파했다. 그래서 나도 어려웠지만 어려운 중에도 한 번씩 집에 데려와 배를 채워 주곤 했다.

그런데 어느 때인가 한국 학생 한 명이 입학을 했다. 30대 초반인데 아주 어려 보였다. 연민이 갈 정도로 바싹 말라 있었다. 더군다나 가진 돈이 없어 교회 예배당에서 먹고 자곤 했다. 시간이 좀 흘러 왜 이곳에 신학 공부를 하러 왔는지 물어보았다. 오랜 침묵 끝에 어렵게 살아온 인생 이야기를 들려주었다. 참 파란만장한 인생이었다.

그의 어머니가 무당이었고, 평생 하나님을 모르고 살았다. 머리는 좋아서 서울대학교를 다녔다. 사회에서 이런저런 사업을 하다 사기에 연루되어 몇 년간 감옥 생활을 했다. 감옥에 있는 동안 복음을 듣고 신학을 하기로 결심하고 뉴질랜드까지 왔다고 했다. 너무 안타까워서 잘 챙겨 주었다. 나를 늘 형님이라고 불렀다.

하루는 본인이 가장 아끼는 것인데 나에게 선물로 주고 싶다고 가져왔다. 시편 23장을 그린 커다란 유화였다. 보기에도 보통 그림

시편 23편 그림

은 아닌 것 같았다. 그가 그림에 대한 사연을 들려주었다. 감옥에서 이름을 대면 누구나 알 수 있는 유명한 화가를 만났다고 했다. 무슨 이유인지 이 화가도 수감 생활을 했는데, 함께 신앙을 가지게 되고 절친한 사이가 되었다고 했다. 그래서 이 친구에게 선물로 이 그림을 그려 주었다고 했다. 감옥에서 재료가 없어 박스를 뜯어 붙여 그 위에 그림을 그렸다. 그리고 작가를 절대 밝히지 않도록 신신당부를 했다고 했다.

평생 본인이 간직할 것이라고 다짐을 하고 이곳 뉴질랜드까지 그림을 가져왔는데 내가 베풀어 준 은혜가 너무 감사해서 이 귀한 그림을 나에게 꼭 주고 싶다고 했다. 지금도 이 그림은 내 사무실에 걸려 있다.

그는 힘들게 신학 공부를 하는 중에 어느 교회에서 한 자매를 만났다. 그리고 결혼을 하겠다고 했다. 뉴질랜드는 돈이 없어도 누구나 쉽게 결혼식을 하고 가정을 이룰 수 있다. 아무것도 가지지 않은 친구가 갑자기 날을 잡고 결혼을 하겠다고 하니, 무엇이라도 도와줘야 할 것 같아서 물어 보았다. 결혼반지가 없다는 것이었다. 참으로 난감했다. 나도 학생으로 1달러도 함부로 쓰지 못하는 상황이니 결혼반지는 너무나 버거운 부담이었다.

그러나 결혼반지도 없이 어떻게 결혼을 할 수 있겠나? 그래서 최소의 비용으로 결혼반지를 장만해 주었다. 500달러가 들었다. 일반인들에게는 하찮은 예물로 보일지 모르지만 나에게는 전 재산과 같은 귀한 선물이었다. 이 반지를 끼고 둘은 결혼을 했다. 일평생 믿음 안에서 행복하기를 간절히 빌어 주었다.

"또 누구든지 제자의 이름으로 이 작은 자 중 하나에게 냉수 한 그릇이라도 주는 자는 내가 진실로 너희에게 이르노니 그 사람이 결단코 상을 잃지 아니하리라 하시니라" 마 10:42

49.
320만 달러의 축복

    몇 년 전부터 마음에 간절한 바람이 하나 있었다. 우리 11층 선교센터 빌딩에는 학교와 교회와 선교센터 그리고 여러 세입자들이 함께 입주해 있어 늘 분주하다. 그래서 선교센터만 독립적으로 영구히 사용할 수 있는 빌딩을 하나 마련해 주고 싶었다. 한때 인구 비례로는 세계에서 가장 선교사를 많이 파송했던 기독교 국가인 뉴질랜드에 독립적인 선교빌딩이 하나 없는 것도 늘 마음에 걸렸다. 오직 선교단체들만 모여서 마음껏 선교할 수 있는 그런 공간을 늘 생각했다.

    마침 옆에 4층짜리 아름다운 빌딩이 하나 나왔다. 바로 공원 옆이고 규모나 위치로 보아 선교센터 빌딩으로는 적합해 보였다. 바로 구입을 했다. 언젠가 선교센터로 쓰일 빌딩을 보면서 늘 소망으로

새로운 선교센터 빌딩과 AEC 학교 전경

가득 찼다.

다만 이 빌딩에는 한 가지 부족한 것이 있었다. 빌딩 내에 주차 공간이 부족하여 빌딩 옆 시청에서 운영하는 주차장을 함께 사용해야 했다.

그런데 빌딩을 구입하고 얼마 지나지 않아 시청에서 연락이 왔다. 주차장을 폐쇄하고 그곳에 빌딩을 짓는다는 것이었다. 참으로 난감했다. 주차장이 충분하지 않으면 빌딩으로서 구실을 제대로 할 수 없기 때문이다. 그래서 주차장이 넓고 아름다운 빌딩을 다시 구입해야겠다는 마음을 계속 가지게 되었다. 문제는 이 빌딩을 처분해야 하는데, 코로나 시대에 빌딩을 판다는 것은 쉬운 일이 아니었다. 가끔 터무니없는 금액으로 사려는 사람들만 있었다.

그런데 빌딩을 구입한 지 1년 만에 중국 투자가가 이 빌딩을 구입했다. 놀랍게도 우리가 구입했던 금액보다 무려 320만 달러(약 27억 원)를 더 주었다. 하나님은 또 한 번 우리에게 기적을 보여 주셨다. 이 돈으로 더 아름다운 선교센터 빌딩을 구입할 것이다.

하나님께서는 선한 목적으로 살아갈 때 언제나 필요를 채워 주신다. 자신을 위하여서는 아무리 아끼고 모아도 물질이 모이지 않는다. 성경은 과도히 아껴도 가난하게 될 뿐이라고 가르친다. 물질은 하나님께서 주셔야 한다.

얼마 전 방송에서 한 자매의 사연을 듣고 너무 마음이 아팠다. 이 자매는 조선족인데 한국에서 최고 명문 대학을 졸업했다. 돈을 벌어야 한다는 일념으로 재학 시절부터 밤을 새워가며 여러 가지 창업을 했다. 돈을 꽤 벌었다. 본인 명의의 아파트도 구입했다. 그리고 좋은 길목에 카페도 열었다. 모두가 그녀의 성공에 찬사를 보내고 부러워했다. 그러나 예상치 못한 코로나로 한순간에 모든 것이 무너졌다. 집도 넘어가고 몇 억의 빚을 안게 되었다.

인간이 애쓰고 노력한다고 되는 것이 아니다. 물질의 주인은 하나님이시다. 하나님이 주시지 않는 물질은 없다.

링컨이 변호사로 있을 때 일이다. 한 의뢰인이 찾아와서 이렇게 이야기를 했다.

"변호사님! 이번 일만 성공시켜 주시면 평생 먹을 것을 드리겠습니다."

그때 링컨은 단호하게 말했다

"여보시오! 평생 먹을 것은 하나님이 주시는 것이요."

그렇다. 우리에게 필요를 공급해 주시는 분은 오직 하나님이시다. 공중의 새도 먹이시고 내일 아궁이에 들어 갈 들풀도 먹이신다. 하물며 사랑하는 하나님의 자녀들을 먹이시지 않겠나? 이 믿음을 가져야 한다. 매일매일 의식주를 염려하며 물질에 마음을 **빼앗길** 것이 아니라 우리에게 모든 것을 후히 주시는 하나님께 소망을 두고 하나님의 나라와 그의 의를 위해 살아야 한다.

> "그러므로 염려하여 이르기를 무엇을 먹을까 무엇을 마실까 무엇을 입을까 하지 말라 이는 다 이방인들이 구하는 것이라 너희 하늘 아버지께서 이 모든 것이 너희에게 있어야 할 줄을 아시느니라 그런즉 너희는 먼저 그의 나라와 그의 의를 구하라 그리하면 이 모든 것을 너희에게 더하시리라" 마 6:31-33

50.
유럽집회

하나님께서는 아무 능력도 없고 보잘것없는 나에게 너무나 큰일들을 맡겨 주셨다. 38세에 가방 3개 들고 갈 바를 모르고 온 이 뉴질랜드 땅에서 불과 9년 만에 2개의 빌딩을 주시고 선교센터와 학교를 맡겨 주셨다.

아무것도 모르는 내가 이 엄청난 일들을 감당한다는 것은 사실 불가능한 일이었다. 수십 명이나 되는 외국 직원들을 관리하고 수많은 세입자들까지 관리하려면 영어도 능통해야 하고, 이 분야에 해박한 지식과 리더십이 있어야 했다. 그동안 직장에서 직원으로만 있던 내가 이 일을 감당하기에는 너무 부족했다.

특별히 하나님이 주신 학교를 통하여 어떻게든 복음을 전하려다 보니 악령의 역사가 얼마나 심했는지 모른다. 전 직원이 들고 일어나서 교육부에 탄원서를 내어 특별 감사를 두 번이나 받았다. 학교에서 특정 종교를 강요한다는 이유에서였다. 그러나 하나님 편에 서서 끝까지 싸웠다.

수많은 사건들을 겪고 난 뒤 하나님께서는 모든 것을 안정되게 해주셨다. 몇 년간 지칠 대로 지쳐 쉼이 필요했다. 처음으로 가족과 함께 한 달간 유럽여행을 계획했다. 우리 나이에는 여행사 패키지 상품을 이용하는 것이 가장 저렴하고 편안하다. 패키지 상품으로 편하게 여행하고 싶은 마음은 간절했으나 모든 패키지 상품이 주일에도 관광을 끼고 있었다. 주일성수를 생명처럼 여겼던 나는 결국 배낭여행을 하기로 결정했다. 큰 모험이었다.

여행을 떠나기 전 하나님 앞에 간절히 한 가지를 구했다. 단순히 여행만 다녀오기엔 하나님 앞에 너무 죄송했다. 그래서 꼭 유럽에서 집회를 할 수 있게 해달라고 간구했다. 유럽 7개국을 열차를 이용해서 다니기로 계획을 짰다. 유럽에는 아는 사람이 없었다. 유럽에서 세 번의 주일을 보내야 하는데 꼭 가는 곳마다 집회를 하고 싶었다. 하나님께서는 이 간절한 마음을 보시고 기적을 행하셨다. 매 주일 한인 교회에서 집회를 하게 하셨다.

첫 번째 주일은 독일에서 집회를 하게 하시고, 두 번째 주일은 스위스에서 두 번의 집회를 하게 하셨다. 그리고 마지막 주일에는 오스트리아에서 집회를 하게 하셨다. 정말 하나님의 섭리는 놀라웠다.

하나님께서는 이 집회를 통하여 또 다른 계획을 가지고 계셨다. 집회를 한 독일과 스위스 교회의 목사님 가정에 대학생 딸들이 있었다. 해외 생활에 잘 적응하지 못하고 하루하루 어려운 시간들을 보내고 있었다. 이들에게 새로운 환경이 절실히 필요했다. 하나님께서는 이 두 딸을 우리 학교로 인도하셨다. 이들에게 뉴질랜드의 삶은 새로운 인생의 전환점이 되었다. 하나님의 계획은 참으로 놀라웠다. 이들이 뉴질랜드로 올 때에 경제적인 어려움이 있는 자매에게는 항공권도 보낼 수 있도록 은혜도 베풀어 주셨다.

10년이 훌쩍 지났는데 얼마 전 한 자매로부터 깊은 감사의 글이 왔다. 이제는 독일에서 새로운 공부를 하며 잘 지내고 있다고 했다. 그리고 이곳의 생활이 인생에 가장 행복한 시간이었다며 너무 그립다고 했다. 하나님은 빈틈이 없으시다. 어느 곳에서도 도움이 필요한 자들에게 은혜를 베푸신다. 하나님만이 우리의 피난처이시고 도움이시다.

> "나의 영혼아 잠잠히 하나님만 바라라 무릇 나의 소망이 그로부터 나오는도다 오직 그만이 나의 반석이시요 나의 구원이시요 나의 요새이시니 내가 흔들리지 아니하리로다" 시 62:5-6

51.
방 하나 있소!

유럽여행 중에 가장 가고 싶었던 곳이 로마였다. 로마에는 초대교회의 유적이 많다. 특별히 카타콤과 콜로세움은 기독교인들에게는 특별한 감동이 있는 곳이다. 부활신앙을 가진 초대교인들은 어떤 핍박 속에서도 타협하지 않고 원형경기장에서, 카타콤에서 죽어갔다.

지하무덤인 카타콤을 방문했을 때의 충격은 너무 컸다. 내가 방문한 곳은 지하 20미터, 지하 4층이나 되는 곳이었다. 초대교인들은 한 줄기 빛도 들어오지 않는 지하 무덤에서 오직 주님의 재림을 기다리며 믿음을 지켰다. 그들의 평균 수명은 30세였다. 그들이 로마 군인들에게 발견되어 밖으로 끌려 나왔을 때 모두 맹인이 되어 있었다고 했다. 무엇이 이들을 이렇게 강하게 만들었을까? 며칠 동안 많은 생각을 하였다. 지금까지 발견된 카타콤은 총 60여 개이고 전체

콜로세움

길이가 900킬로미터 정도 된다고 한다. 약 50만 명의 죽음이 발견되었는데 상당수는 영양실조로 죽은 아이들이라고 했다.

로마의 성지들을 돌아보고 수중 도시인 베네치아를 방문하려고 했다. 경비를 아끼느라 늘 출발 전에 인터넷으로 가장 저렴한 숙소를 예약했다. 출발 몇 시간 전에 기차역 앞에 있는 인터넷 카페에서 숙소를 예약하는데 마지막 단계에서 계속 오류가 났다. 기차 출발 시간이 다가와 결국 숙소를 예약하지 못하고 출발했다.

날이 어두워지면서 밖에는 비까지 내리기 시작했다. 아내는 계속 염려를 했다. 밤에 내려서 숙소를 못 구하면 어떻게 할지 걱정이 되었다. 염려하는 아내에게 하나님께서 다 준비해 주실 거라고 계속 안심을 시켰다. 그러나 실상은 나 역시 걱정이 많았다. 유럽에는 몰려드는 관광객으로 숙소를 구하기가 여간 어려운 일이 아니었다.

캄캄한 밤중에 베네치아 역에 내렸다. 우선 안내센터에 가서 숙소에 대한 정보를 얻으려고 줄을 섰다. 이미 내 앞에도 많은 사람들이 줄을 서 있었다. 마음이 점점 더 초조해지기 시작했다. 비 오는 밤에 어디서 숙소를 구할 수 있을까 암담했다.

그런데 갑자기 한 노인이 내 등을 두드렸다. 혹시 숙소를 구하느냐고 물었다. 역 바로 앞에 있는 모텔 주인인데 방이 딱 하나 남았으니 그리 오겠냐고 물었다. 그리고 그 방은 제일 비싼 패밀리룸인데 특별히 일반 요금으로 저렴하게 주겠다는 것이었다. 입에서는 계속 '할렐루야'가 쏟아져 나왔다. 방은 정말 좋았다. 로마 궁궐에 와 있는 느낌이었다. 그날 밤 하나님의 예비하심에 깊이 감격하며 세상이 줄 수 없는 평안함 속에 깊은 잠을 잘 수 있었다.

다음 날 아침 베네치아 마을을 돌아보며 엄청난 충격을 받았다. 마을 전체가 대낮에도 길을 찾아다니기 어려운 미로였다. 다시 한 번 하나님의 인도하심이 얼마나 놀라운지 감격하지 않을 수 없었다. 만약에 출발 전에 숙소가 예약되었다면 그날 밤에 도저히 숙소를 찾을 수 없었을 것이다. 낮에도 찾기가 어려울 텐데 비 오는 밤에 이 미로 속에 어떻게 숙소를 찾을 수 있었겠나? 그곳 사람들이 이야기했다. 밤에 오는 많은 사람들이 숙소를 못 찾아 낭패를 본다고….

하나님께서는 친히 우리의 숙소를 예비하시고 예약을 막아 주셨다. 하나님은 이렇게 세세한 것까지 간섭하시고 우리를 인도해 주신다. 이런 우리 아버지가 계신데 우리가 염려할 것은 아무것도 없다.

로마 여행은 여러 가지로 귀한 감동과 은혜가 있었다. 하나님과 동행하며 더욱 천국을 소망하게 된 너무나 값진 시간이었다.

"위의 것을 생각하고 땅의 것을 생각하지 말라 이는 너희가 죽었고 너희 생명이 그리스도와 함께 하나님 안에 감추어졌음이라 우리 생명이신 그리스도께서 나타나실 그때에 너희도 그와 함께 영광 중에 나타나리라" 골 3:2-4

52.
우까룸빠 성경번역센터

태평양 뉴기니 섬에 위치한 파푸아뉴기니라는 나라가 있다. 오랫동안 식민지로 있다가 1975년 9월 16일에 오스트레일리아로부터 독립했다. 인구는 900만여 명 정도 되나 중앙정부가 힘이 없기 때문에 부족 중심 체제로 돌아가고 있다. 부족들의 세력이 워낙 세다 보니 심지어 치안과 법까지 개별적으로 맡고 있으며, 부족들이 온갖 중무장까지 하고 있다.

특이한 것은 파푸아뉴기니에서는 865종 이상의 지역언어가 사용되고 있으며 언어 하나당 평균 사용자 수는 7천 명 정도라는 점이다. 이것은 이 땅이 복음을 전하기가 얼마나 어려운 곳인지를 보여준다. 대부분의 마을이 산속에 흩어져 있다 보니 길이 없어 경비행기로만 이동 가능한 곳이 많다.

이 나라의 깊은 산속에 우까룸빠라는 곳이 있다. 위클리프 성경 번역선교회에서는 파푸아뉴기니의 여러 부족민들에게 복음을 전하기 위해 1950년에 이곳에 성경 번역 종합센터를 세웠다. 예배실과 성경 번역실, 언어학 자료를 보관하는 도서관을 위시해서 선교사 자녀를 위한 학교가 유치원부터 중·고등학교까지 운영되고 있다. 그리고 선교사들이 거주할 집이 400채 정도 있다. 그들을 지원하기 위한 다양한 시설도 있다. 말하자면 큰 마을이 있는 셈이다.

이곳의 가장 핵심은 865종이 넘는 언어로 성경을 만드는 성경번역센터이다. 먼저 원주민들의 언어를 파악하고, 그 언어를 담을 문자를 고안하여 가르치고, 그 언어로 성경을 만들어 복음을 전한다. 쪽복음 하나를 만들기 위해서 때로는 20년, 30년을 투자해야 한다. 전 세계에서 자원한 선교사들이 번역 선교를 위해 이곳에서 일생을

현지 선교사님들과 함께

원주민들의 환영

바친다. 때로는 대를 이어 헌신하는 선교사 가족들도 있다. 참으로 감동적이다.

참 감사하게도 우리 빌딩 선교센터에 있는 위클리프 본부에서 우리 부부를 우까룸빠로 초대를 하고, 경비행기를 이용해서 산속 깊은 마을의 사역 현장들을 일일이 보여 주었다. 산속 마을의 원주민들은 아직도 문명과는 거리가 먼 원시 부족이었다. 복음을 위해 평생을 이곳에서 헌신하는 선교사들을 보면서 숙연해졌다. 한편으로는 나 자신이 부끄럽고, 또 한편으로는 그들의 헌신이 정말 존경스러웠다. 이런 분들이 계셨기에 우리 한국 땅에도 복음이 들어오고 한글 성경을 갖게 되었다는 것을 생각하니 가슴이 뜨거워졌다. 이 귀한 사역에 조금이라도 힘이 되고 싶었다.

하루는 그분들이 우리를 한 공사 현장으로 데려갔다. 현지 원주민들을 먹이고 재우고 훈련시킬 훈련센터 빌딩을 짓고 있었다. 갈수록 번역 선교사로 지원하는 이들의 수가 줄어들어, 이제는 현지인을 훈련시켜 선교사로 세우는 프로젝트를 하고 있었다. 이곳 책임자가 공사 중인 건물에 대해 상황을 설명했다. 하루속히 훈련센터 공사를 마무리해야 하는데 자금이 없어 공사가 중단되었다고 했다.

이 말을 듣는 순간 마음에 감동이 왔다. 이 공사가 하루속히 완료되도록 최선을 다하여 돕고 싶었다. 뉴질랜드에 돌아오자마자 우리가 지원할 수 있는 만큼 최선을 다해 후원금을 보냈다. 그리고 얼마 후 완공된 아름다운 훈련센터를 볼 수 있었다.

물질은 참 귀한 것이다. 물질이 있어야 선행도 하고 선교도 할 수 있다. 하나님께서도 우리가 선한 일을 할 수 있도록 부어 주시려고 하신다. 그러나 물질을 다룰 수 있는 그릇이 되지 못해 못 주고 계신다. 적어도 우리가 하나님의 뜻대로 물질을 사용하면 지금이라도 쏟아부어 주실 것이다. 물질을 주시지 않는다고 원망할 것이 아니라 먼저 물질을 받을 수 있는 그릇이 되어야 한다.

"나의 하나님이 그리스도 예수 안에서 영광 가운데 그 풍성한 대로 너희 모든 쓸 것을 채우시리라" 빌 4:19

53.
다니엘 크리스천 캠프장

신학대학에서 공부를 하는 동안은 한 치 앞도 내다볼 수 없었다. 미래를 생각하면 한 줄기의 빛도 보이지 않았다. 그런데 하나님께서는 늘 기도 중에 선교센터와 영어학교 그리고 크리스천 캠프에 대한 비전을 주셨다. 이런 비전이 이루어지리라는 믿음을 갖기에는 너무나 현실과 거리가 멀었다. 그러나 항상 마음속에 이 생각이 떠나지 않았다. 어렴풋하게나마 늘 마음 가운데 있었다.

학업을 마치고 잠시 뉴질랜드인 영어학교에서 일할 때, 그곳에 한국 도시락을 만들어 학생들에게 공급하던 집사님 내외가 있었다. 딱 보기에도 너무 성실했다. 어느 날 그 부부에게 한 가지 부탁을 했다. 앞으로 하나님께서 캠프장을 주실 텐데 그때 꼭 캠프장 관리를 해달라고 했다. 어떻게 보면 참 실없는 소리 같기도 했다. 그리고 세월이 25년이나 흘렀다. 그동안 그 부부는 여러 가지 사업을 하다 접고 한국으로 돌아갔고, 그 뒤로 연락이 끊겼다.

하나님께서는 25년 전에 주신 비전을 하나님의 때에 이루어 가셨다. 선교센터 빌딩과 영어학교를 주시고 모든 것이 안정적으로 돌아갈 때 내 마음에 크리스천 캠프에 대한 열망을 주셨다. 어느 날 동역 목사님이 한인 교회들에게 캠프장이 너무 절실히 필요하다는 말을 했다. 그런데 뉴질랜드에서 이런 캠프장을 세울 수 있는 능력이 되는 곳은 우리밖에 없다는 것이다.

사실 이민자들이 그 나라에서 뿌리를 내리고 살아가는 데에 가장 큰 역할을 하는 곳이 교회. 교회를 통하여 안식을 얻고 많은 정보를 공유하고 하나님 안에서 한가족으로 서로를 의지하며 살아간다. 교회가 살아야 교민들도 살 수 있다. 이곳 뉴질랜드 오클랜드에도 한인교회가 100개나 넘는다. 각박한 이민 생활 속에서 교회는 고향과 같은 곳이다.

그런데 많은 교회가 사정이 열악하여 주로 현지 교회를 빌려 잠깐씩 사용한다. 한국처럼 예배가 늘 있는 것도 아니고, 언제든지 가서 마음껏 기도를 할 수도 없다. 그저 1년에 한두 차례 크리스천 캠프에서 수련회를 하는 정도다. 그러나 이런 캠프도 일찌감치 예약을 하지 않으면 사용할 수도 없고, 대체로 몇 시간 떨어진 먼 곳에 위치해 있어 사용하기가 쉽지 않다.

한인 교회들을 위하여 캠프장을 세우고 싶은 마음은 간절했으나 엄청난 비용이 들고 관리 등 여러 가지 문제가 있어 사실 엄두를 낼 수 없었다.

하나님이 함께 하시면 불가능이 없다. 하나님께서는 우리 선교센터에서 45분 떨어진 아름다운 바닷가에 약 2만 평이나 되는 에덴동산 같은 캠프장을 주셨다. 150여 명이 묵을 수 있는 숙소와 식당, 예배실, 푸른 잔디의 텐트촌, 캐러밴 정박지 등 모든 것이 완벽하게 갖추어져 있었다. 더 놀라운 것은 캠프장은 숲으로 둘러싸여 있고 안에는 너무나 아름다운 강이 흐른다는 것이다. 또 바로 옆에는 눈부신 바다와 넓은 해변도 있다. 비어 있는 땅도 있어서 얼마든지 필요한 건물을 지을 수가 있다.

해변가 2만 평 대지 위에 세워진 다니엘 크리스천 캠프

캠프장 예배 모습

이곳은 홀리데이 파크로, 뉴질랜드를 여행하는 모든 외국인들이 쉬어 가는 곳이자 휴가철이 되면 많은 뉴질랜드인들이 찾는 휴양지이다. 이제는 다양한 국적의 교회들이 이곳에서 하나님을 찬양하고 있다.

우리는 이곳에 믿음의 사람 다니엘의 이름을 따서 '다니엘 크리스천 캠프장'이라고 이름을 지었다. 늘 찬양이 울려 퍼지는 이곳은 이 땅의 천국과 같다. 더욱 놀라운 것은, 25년 전에 부탁했던 집사님 내외가 이 캠프장의 책임자가 되었다는 사실이다. 그들 부부는 지금도 캠프장에서 충성되게 일하고 있다. 하나님의 섭리는 참으로 놀랍고 놀랍다.

뉴질랜드 땅에서 가장 아름다운 캠프장으로 만들기 위해 많은 부분을 새롭게 만들고 있다. 앞으로 이곳에서 일어날 하나님의 역사를 생각하면 가슴이 설렌다.

"여호와는 나의 목자시니 내게 부족함이 없으리로다 그가 나를 푸른 풀밭에 누이시며 쉴 만한 물 가로 인도하시는도다 내 영혼을 소생시키시고 자기 이름을 위하여 의의 길로 인도하시는도다 내가 사망의 음침한 골짜기로 다닐지라도 해를 두려워하지 않을 것은 주께서 나와 함께 하심이라 주의 지팡이와 막대기가 나를 안위하시나이다 주께서 내 원수의 목전에서 내게 상을 차려 주시고 기름을 내 머리에 부으셨으니 내 잔이 넘치나이다 내 평생에 선하심과 인자하심이 반드시 나를 따르리니 내가 여호와의 집에 영원히 살리로다" 시 23:1-6

캠프장 아웃리치

54.
특별기가 떴네요!

믿음은 선택의 문제이다. 믿음이 있고 없고는 내가 하나님의 뜻을 택하느냐 아니면 나 자신의 유익을 택하느냐의 문제로, 곧 우선순위의 문제이다. 내가 무엇을 가장 우선에 두고 사느냐 하는 문제이다.

성경에 나오는 위대한 믿음의 사람들은 하나같이 생명을 내놓고 하나님의 뜻을 선택했다. 다니엘은 하루 세 번 예루살렘을 향해 기도하는 뜻을 지키기 위해 사자굴을 택했다. 사드락, 메삭, 아벳느고도 우상에 절하지 않으려고 풀무불을 택했다. 믿음의 사람들은 어떤 상황에서도 타협이나 양보를 하지 않았다. 이것이 믿음이다.

인간의 생각으로는 하나님께 우선순위를 두면 망할 것처럼 느껴진다. 그래서 늘 세상과 타협하고 하나님의 뜻을 양보하고 살아간다. 주님도 "나를 따르려면 집이나 형제나 자매나 어미나 아비나 자식이나 땅까지도 버리라"고 하셨다. 이것은 우선순위를 바꾸지 말라는 말씀이다. 다른 것을 버리라고 하신 이유는, 주님을 선택하는 이것이 살길이고 더 좋은 것을 얻는 길이기 때문이다. 버릴 때 비로소 100배나 받고 영생을 얻는다고 말씀하셨다.

> "예수께서 이르시되 내가 진실로 너희에게 이르노니 나와 복음을 위하여 집이나 형제나 자매나 어머니나 아버지나 자식이나 전토를 버린 자는 현세에 있어 집과 형제와 자매와 어머니와 자식과 전토를 백 배나 받되 박해를 겸하여 받고 내세에 영생을 받지 못할 자가 없느니라" 막 10:29-30

나는 특별히 주일성수를 위해서는 절대 타협하지 않았다. 군대생활 3년 동안 구타와 생명의 위협과 극한 두려움과 공포 속에서도 한 번도 주일성수를 어기지 않았다. 내 평생 억만금을 잃어도 주일성수는 반드시 지키고 있다.

주일성수로 인하여 잊을 수 없는 감격적인 일이 있었다. 뉴질랜드인 영어학교에서 일을 할 때였다. IMF가 터지고 가장 어려운 시기에 한국에서 기독교 방송국과 함께 일할 기회가 주어졌다. 기적 같은 일이었다. 오직 하나님의 은혜로 그런 기회를 갖게 되었다. 그 당시는 방송국에서 연수 학생들을 모집하면 반드시 성공할 수 있었기에 수억 원을 내서라도 방송국과 일을 하려고 했다. 나는 가진 것도 없었고 아는 사람 한 명 없었으나 하나님의 은혜로 이런 엄청난 기회를 갖게 되었다. 내 미래가 보장되는 특별한 기회였다.

첫 번째 단기연수생을 모집했을 때에 기대 이상의 결과가 있었다. 약 70여 명의 학생을 모집했다. 6개월 뒤 다시 단기연수생을 모집하였는데, 그때는 바로 뉴밀레니엄의 시작인 2000년도였다. 그 당시 뉴질랜드가 세계에서 가장 먼저 해가 뜨는 나라였기 때문에 세계 각국의 사람들이 뉴밀레니엄의 첫날을 뉴질랜드에서 보내려고 밀려 들어왔다. 뉴질랜드에 오기 위해서는 최소한 6개월 전에 비행기 표를 예약하지 않으면 표를 구할 수가 없을 정도였다. 나도 6개월 뒤에 연수 올 학생들을 위해 넉넉잡아 120석의 표를 어렵게 예약을 해두었다.

12월이 되어 학생들을 모집했는데 예약한 대로 약 120여 명을 모을 수 있었다. 한꺼번에 모두 올 수가 없었기 때문에 30명씩 4차에 걸쳐서 항공권을 예약해 두었다. 그런데 학생들이 출발하기 바로 직전, 다시 한번 티켓의 날짜와 시간을 확인하다가 경악을 금치 못했다. 티켓을 예약할 때에 그만 실수로 2000년 달력을 보지 않고 1999년 달력에 맞추어 예약을 한 것이었다. 다행히 세 그룹은 모두 일정에 문제가 없었으나 한 그룹 30명은 한국에 돌아가는 도착 시간이 주일날 이른 아침이었다.

'아니, 그게 왜 그렇게 큰 문제인가?'라고 생각하는 사람도 있을 것이다. 하지만 주일성수를 생명처럼 지켜왔던 나에게는 정말 큰 문제였다. '주일 새벽이면 도착 후 바로 교회 가서 예배드리면 되는 것 아닌가, 그게 무슨 문제가 되나?'라고 생각할 수도 있다. 그러나 누가 피곤한 몸을 이끌고 교회에 가겠으며, 더구나 지방에서 아이들을 마중 온 부모님들이 어떻게 교회에 갈 수 있겠나? 내 신앙양심으로는 도저히 용납되지 않았다. 주님께 영광 돌리기 위해 이 일을 한다고 하면서 뭇 사람들에게 주일을 못 지키게 하다니, 이것은 도저히 용납이 되지 않았다.

나는 여행사 사장에게 간곡히 부탁을 했다. 비용이 얼마가 들더라도 월요일에 출발할 수 있는 티켓을 구해 달라고 했다. 결과는 절망적이었다. 아무리 많은 돈을 주어도 티켓을 한 장도 구할 수가 없다는 것이었다. 30명의 학생, 그 부모님과 가족들, 연수 출발할 날만 기다리며 기대에 차 있는 이들에게 어떻게 이야기를 해야 할지 막막했다. 거기다 이제 막 방송국과 함께 성공적으로 프로그램을 진행하고 있는데, 여기서 문제를 일으키면 앞으로 더 이상 방송국과 일을 할 수 없는 것은 당연한 일이었다. 그러나 주일성수를 하지 못한다면 이 프로그램은 당연히 취소되어야 했다. 어떤 희생을 치르더라도 이 프로그램을 진행할 수가 없었다.

여행사 사장에게 전화를 했다.

"30명 티켓, 취소해 주세요. 모든 손실은 제가 책임지겠습니다."

30명의 티켓을 취소하고 하루 동안 앞으로 해결해야 할 문제들을 놓고 하나님의 지혜를 구하고 있었다. 다음 날 여행사 사장으로부터 너무나도 놀라운 전화가 왔다.

"선교사님! 월요일에 출발하는 비행기표 30장을 구했습니다."
"아니 한 장도 구할 수 없었던 표를 어떻게 30장을 구했습니까?"
"저도 모릅니다. 어디서 특별기가 뜬 것 같습니다."

나는 또 한 번 살아 역사하시는 하나님을 깊이 체험할 수가 있었다. 하나님을 제일 우선으로 생각하는 자들에게 언제나 최고의 것으로 채워 주시는 좋으신 우리 아버지를 마음껏 찬양하였다.

> "하나님이 이르시되 그가 나를 사랑한즉 내가 그를 건지리라 그가 내 이름을 안즉 내가 그를 높이리라 그가 내게 간구하리니 내가 그에게 응답하리라 그들이 환난 당할 때에 내가 그와 함께 하여 그를 건지고 영화롭게 하리라" 시 91:14-15

55.
용서의 보상, 5천만 원

인간은 돈 앞에서 너무나도 나약한 존재가 되곤 한다. 때로는 피도 눈물도 없다. 보통 사람들뿐 아니라 신앙인들조차도 돈 앞에서는 돌변하는 경우가 많다.

우리 학교를 다녀간 한 자매가 있었다. 한국에서 영어학원을 차려서 성공적으로 운영을 했다. 학생들의 수가 증가하다 보니 학원을 확장할 필요를 느꼈다. 마침 같은 교회 안수집사님이 운영하던 영어학원이 매물로 나와 있어 인수하였다. 본인 학원을 먼저 처분하고 새로운 학원을 인수했어야 하는데, 같은 성도이고 하니 믿고 먼저 인수 계약을 했다. 그런데 쉽게 처분될 줄 알았던 본인 학원이 팔리지 않고 잔금을 치러야 할 날짜가 되었다. 이미 계약금으로 은행에서 1억 원을 대출받아 지급을 한 상태라 애가 탔다. 조금 날짜를 연장해 달라고 애원했으나 안수집사라는 사람은 법에 따라 처리를 했다. 자매는 고스란히 1억 원을 날리고 깊은 상처를 안고 한동안 기도원에서 내려오질 않았다.

이게 인간들의 모습이다. 돈 앞에서는 하나님도 믿음도 아무것도 없다. 오직 돈만을 위해 사는 사람들이 많다. 심지어는 돈 많은 부자가 되려고 하나님을 믿는 사람도 있다. 이게 현실이다. 남의 눈에 눈물 흘리게 하며 내 이익을 챙기는 이들은 하나님께서 반드시 보응하신다.

나는 목회자가 되라는 어머니의 서원을 무시하고 세상에서 잠시 방황한 적이 있었다. 하나님께서 여러 번 경고의 신호를 주셨으나 끝까지 외면하다 교통사고로 전 가족이 죽을 뻔했다. 하나님께서는 나를 크게 치셨다. 무릎이 세 조각이 나서 대수술을 받고 6개월간 병원 신세를 졌으나 큰 장애를 갖게 되었다.

병원에서 치료를 받던 중에 가해자 측에서 합의를 해달라고 찾아왔다. 20대 청년이 술을 마시고 운전하다 중앙선을 넘었으니 형사 입건되어 감옥에 가게 되었다. 청년의 어머니가 부산에서 서울로 찾아와서 애원하였다. 아들이 합의가 되지 않으면 감옥에 가게 생겼으니 제발 합의를 해달라는 것이었다. 병원사무장은 이 정도로 장애가 생기면 합의금으로 최소 3천만 원은 받아야 한다고 했다. 그리고 법에 따라 본인이 처리해 주겠다고 했다. 가해자의 아버지는 학교 교사였다. 그들이 이런 큰돈을 가지고 있지도 않았겠지만, 무엇보다 나는 이 사고가 우연히 일어난 것이 아니라 패역한 나 때문에 일어났음을 너무나 잘 알고 있었다. 애당초 어떤 보상에도 관심이 없었다. 영적으로 보면 그 청년이 가해자가 아니라 내가 가해자였기 때문이었다.

또 나는 하나님에게 징계 받은 것을 인간에게 보상받는 자체가 잘못된 것이라고 생각했다. 그때 내 아내도 다리의 부상 때문에 병원에 함께 입원해 있어서 부득불 간병인을 쓰지 않을 수가 없었다. 나는 가해 청년의 어머니를 불러 보험회사에서 지급해 주지 않는 간병비만 내도록 하고 한 푼의 보상도 받지 않고 합의해 주었다. 주위의 사람들은 나의 결정을 도무지 이해하지 못했다. 앞으로 후유증도 있을 것이고 장애도 있는데 병원비를 어떻게 감당하려는 것이냐며 난리였다. 그러나 내 마음에는 하나님께로부터 받은 징계를 인간의 어떤 보상으로 희석시키고 싶지 않았다. 오히려 나로 인해 고통 받은 가해자를 위해서 기도했다.

가해 청년의 어머니는 합의서를 들고 병원을 나서면서 천사를 만났다고 눈물로 인사를 하고 갔다. 평생 은혜를 잊지 않고 자주 찾아오겠다고 했다. 그러나 그 후로 한 번도 그분들이 찾아온 적은 없었다.

병원에 입원해 있는 동안 보험회사에서 보상 처리를 하겠다고 찾아왔다. 그들이 제시한 금액은 약 700만 원이었다. 나의 장애는 현재 수입으로 따지면 이 금액 이상은 절대로 보상할 수가 없다는 것이었다. 사실 이 금액으로는 앞으로 발생할 후유증에 대한 치료비도 되지 않을 것 같았다. 그러나 하나님께서는 인간의 생각을 초월한 여러 가지 기적 같은 사건을 통해서 보험회사로부터 무려 5천만 원이 넘는 보상금을 받도록 해주셨다. 상상할 수 없는 일이었다. 하나님으로부터 받은 징계를 인간에게 보상받지 않으니 하나님께서 몇 배로 보상해 주셨다.

"무릇 나 여호와는 정의를 사랑하며 불의의 강탈을 미워하여 성실히 그들에게 갚아 주고 그들과 영원한 언약을 맺을 것이라"
사 61:8

56.
갑질의 횡포

한국 사회에만 존재하는 특별한 단어가 있다. 바로 '갑질'(Gapjil)이란 단어다. 갑질이란 사회·경제적 관계에서 우월적 지위에 있는 사람이 권한을 남용하여 상대방에게 부당한 요구나 처우를 하는 것을 의미한다. 갑질은 이제 단순한 개인적 행위를 넘어 우리 사회의 큰 병폐인 갑질 문화로 자리 잡고 있다. 최근에 갑질의 횡포로 목숨을 끊은 충격적인 사건들이 연이어 터졌다.

2020년 5월 10일에 우이동의 한 아파트에서 경비원으로 근무하던 최 모 씨(향년 59세)가 아들뻘 되는 입주민 심 모 씨에게 수차례 폭언과 폭행, 갑질에 시달리다 스스로 목숨을 끊은 사건이 있었다. 경비원 최 씨가 이중주차되어 있던 심 모 씨의 차량을 밀어서 이동시켰다는 이유 하나로 온갖 폭언과 폭행, 협박을 당했을 뿐 아니라 머슴이라는 소리까지 들어야 했다.

그리고 강남 압구정동의 신현대아파트에서 근무하던 경비원 이 모 씨(53세)는 주민 A씨(70대)의 폭언 및 모독을 견디다 못해 아파트 주차장에 주차되어 있던 차 안에서 분신을 기도, 전신 화상의 중상을 입고 투병 끝에 결국 사망했다. 주민 A씨는 경비원 이 씨에게 욕설을 했을 뿐 아니라 아파트 5층에서 음식을 던지면서 이거나 집어 먹으라며 심한 모독을 했다고 한다.

성경은 '네 이웃을 네 몸과 같이 사랑하라'고 하셨는데 과연 우리 그리스도인들은 갑질에서 얼마나 자유로운지 자신을 깊이 돌아봐야 한다. 나는 늘 어려운 자들을 볼 때면 그들에게서 내 모습을 본다. 사실 하나님의 은혜가 없었다면 어쩌면 그들보다 더 비참한 인생으로 살아갔을지도 모르는 일이다. 그래서 어려운 이들 앞에서는 더욱 겸손해진다.

한국을 방문할 때면 내가 머무르는 아파트가 있다. 우리 동에는 나이 든 경비원 두 분이 교대로 근무를 하신다. 한국에 도착하는 첫날은 항상 먼저 경비원들을 찾아 인사를 나누고 20만 원을 담은 봉투를 드린다. 그리고 밤마다 나가서 야식을 사다 전해 드린다. 때때로 외식을 하다 맛있는 음식이 있으면 포장해서 갖다드리기도 한다. 그리고 한국 명절이 되면 뉴질랜드에 있을 때도 이웃에 있는 우리 처제를 통해서 늘 약간의 위로금을 전해 드린다. 물론 경비원들에게만 이렇게 하는 것은 아니다. 아파트를 청소하는 분들도 늘 챙겨 드린다.

내가 굳이 이렇게 글을 쓰는 이유는 나의 선행을 드러내려는 것이 절대로 아니다. 사실 글을 쓰면서도 부끄럽기 그지없다. 그럼에도 글을 쓰는 이유는, 적어도 우리가 하나님의 은혜로 살아간다면 이웃을 사랑하는 흉내라도 내야 하기 때문이다.

주님은 죄인 된 우리를 구원하시기 위해 하늘 보좌를 비워 두시고 종으로 오셔서 십자가에 죽으시기까지 우리를 섬기다 돌아가셨다. 이런 엄청난 은혜 속에 살아가면서 내 형제들에게 갑질을 행하는 것은 주님의 은혜를 헛되게 하는 것이다. 주님은 이 땅에 섬김을 받으려 오신 것이 아니라 우리를 섬기려고 오셨다.

믿음이 무엇인가? 그리스도의 마음을 품고 살아가는 것이 믿음이다. 주님은 우리를 세상의 빛이라고 하셨다. 빛은 착한 행실이다. 우리의 착한 행실을 통하여 세상 사람들이 하늘에 계신 아버지께 영광을 돌리도록 하라고 하셨다. 이제는 이 암울한 시대에 기쁨을 주는 진정한 빛이 되어야 할 때이다.

> "이같이 너희 빛이 사람 앞에 비치게 하여 그들로 너희 착한 행실을 보고 하늘에 계신 너희 아버지께 영광을 돌리게 하라" 마 5:16

57. 기도원의 일꾼들

한때 한국을 방문할 때면 첫날 밤은 항상 오산리기도원에서 기도를 했다. 오산리기도원은 내가 머무는 곳에서 2시간 이상 걸리는 먼 거리에 있다. 그러나 그곳에는 개인 기도실이 있기 때문에 즐겨 찾았다.

한번은 도착한 날 오산리기도원을 가려고 차를 몰고 나왔는데 바로 앞도 볼 수 없을 정도로 폭우가 심하게 쏟아졌다. 잠시 길에 차를 멈추고 가까운 곳에 기도원이 있는지 찾아보았다. 감사하게도 20여 분 떨어진 곳에 대형 교회의 수양관이 있었다. 그곳은 매우 아름답고 시설이 좋았다.

그 이후로 시간이 나는 대로 그곳을 즐겨 찾았다. 이렇게 좋은 기도원을 세운 교회에 감사한 마음이 들었다. 늘 그냥 사용하는 것이

미안하기도 하고 감사한 마음이 있어 사무실에 찾아가 100만 원을 감사헌금으로 드렸다.

시간이 날 때마다 기도원을 찾다 보니 그곳에서 섬기는 여러 분과도 친분을 갖게 되었다. 수시로 그분들과 함께 예배를 드리며 교제의 시간을 가지곤 했다. 그분들의 노고는 이루 말로 할 수 없었다. 특별히 겨울에 눈이 쌓이면 입구부터 산 정상까지 직접 눈을 치웠다. 또 한 번에 수백 명의 식사를 만들고 방 청소까지 담당하는 몇 분의 주방 식구들은 정말 수고가 많았다.

그런데 그분들은 대부분 돈을 벌기 위해 중국에서 온 조선족이었다. 그래서 한국을 방문할 때마다 한 번씩 그분들을 모시고 좋은 식당에서 대접해 드렸다. 사정이 여의치 않아 함께 나가지 못하면 음식을 주문해서 드렸다.

한번은 기도원 책임자와 대화하는 중에 그분들의 월급 이야기를 듣고 깜짝 놀랐다. 그렇게 밤낮없이 고생을 하는데 고작 매달 100만 원 남짓 받는다고 했다. 원래 교회가 사역자들의 사례에 인색한 것은 알고 있었지만 이건 너무 하는 것 같았다. 돈이 없는 교회도 아니고 한국에서 몇째 가는 대형 교회가 말이다. 진짜 이해할 수가 없었다. 그들은 임금을 적게 주기 위해 주로 조선족을 채용한다고 했다. 본인도 안타까워 당회에 수차례 건의했으나 '교회는 돈 버는 곳이 아니고 섬기는 곳'이라면서 일축했다는 것이다. 참 안타까운 현실이다. 세상보다 많이 주지는 못하더라도 최소한 세상에서 주는 만큼은 줘야 할 것 아닌가?

그 이후로 매번 봉투를 준비해서 그분들을 위로하였다. 요즘 코로나로 오랫동안 한국을 방문하지 못하고 있다. 그러나 내 마음은 늘 어려운 그분들에게 있다. 그래서 명절이 되면 약간의 위로금을 책임자를 통해서 전달하고 있다.

그리스도인인 우리는 인색하면 안 된다. 성경의 원리는 아끼는 것이 아니라 풍족하게 베푸는 것이다. 일꾼들의 마음에 아픔이 있어서는 안 된다. 가족들을 떠나 외지에서 몇 푼이라도 벌려고 애쓰는 가난한 자들에게 교회가 관용을 베풀어야 한다. 성경은 모든 사람에게 관용을 베풀라고 가르친다. 주님 오실 날이 가깝기 때문이다.

"너희 관용을 모든 사람에게 알게 하라 주께서 가까우시니라"
빌 4:5

하나님께서는 젖과 꿀이 흐르는 가나안 땅으로 이스라엘 민족을 인도하실 때에 수차례 애굽의 종 되었을 때를 기억하라고 하셨다. 우리도 미국을 비롯한 여러 나라의 도움을 얻고 살 때를 기억하면서 가난한 자를 생각하며 살아야 한다. 그럴 때에 하나님께서 더 큰 복을 내려 주신다.

"범사에 여러분에게 모본을 보여준 바와 같이 수고하여 약한 사람들을 돕고 또 주 예수께서 친히 말씀하신 바 주는 것이 받는 것보다 복이 있다 하심을 기억하여야 할지니라" **행 20:35**

58.
돼지 저금통

우리 집에는 3대가 함께 산다. 아들 내외와 세 살, 다섯 살 손녀가 있다. 외로운 외국 생활 중에 하나님이 내려 주신 큰 복이다. 사실 요즘 시대에 부모와 함께 사는 자식이 별로 없다. 며느리들이 '시' 자 들어간 시금치도 먹지 않는다는 말이 돌 정도로 하나 되기가 어려운 관계이다.

우리 집은 감사하게도 별 어려움 없이 모두가 행복하게 잘 지내고 있다. 매일 손녀들을 보는 기쁨은 세상의 그 어떤 것과 비교할 수 없을 만큼 크다. 이렇게 함께 생활할 수 있는 데에는 아내의 공이 가장 크다. 늘 먼저 섬겨 주기 때문이다. 항상 아이들의 필요를 채워 주고 늘 먹을 것들을 미리 준비해 준다. 30년 가까이 수많은 학생들에게 밥을 해 먹이느라 양쪽 손목이 늘 저리고 아픈데도 잠시도 가만 있지 않고 아이들을 섬기고 있다. 아내에게는 늘 미안하고 감사한 마음이다.

그리고 다음으로는 예쁘고 착한 며느리의 공이 크다. 피붙이 하나 없는 외국 땅에 시집와서 예쁜 딸도 둘이나 낳고 묵묵히 섬겨 주니 참으로 고맙다. 사실 우리 며느리는 목회자 자녀로 우리 학교에 장학생으로 왔던 아이다. 외국 땅에서 며느리 구하기가 참으로 어려운데 하나님께서 귀한 선물을 보내 주셨다. 영상을 전공해서 우리 사역에도 큰 힘이 되고 있다. 20대 초반에 결혼을 해서 처음에는 살림이 서툴렀다. 음식을 만들어 주는데 간이 안 맞아 때때로 먹기가 불편했다. 그러나 요즘은 레시피를 보고 연구하여 일류 요리사보다 더 맛있게 세계 각국의 요리를 만들어 우리를 즐겁게 해주고 있다.

우리 가족은 매일 함께 저녁예배를 드린다. 우리 손녀들이 목이 터져라 찬송을 부르는 모습을 보면 이곳이 천국이 아닌가 하는 생각이 든다. 아직 한국말이 어눌하고 찬송가 가사의 뜻을 잘 모르니 종종 실수를 한다. 한번은 1절 "하나님은 나의 목자시니 내가 부족함이 없으리로다"를 부르고 2절 "내 영혼을 구원하시오니 내게 감사함이 넘치나이다"를 부르는데, 계속 "내게 감사함이 없으리로다"라고 불러서 온 가족을 웃게 만들었다.

그리고 돌아가면서 기도를 하는데 손녀들은 항상 서로 아픈 곳을 위해 기도해 준다. 세 살짜리 손녀가 언니의 아픈 곳을 다 열거하며 기도하는데 가끔 다섯 살 언니가 기도 중에 "리나야! 손은 이미

다 나앉어. 기도하지 마"라고 해서 우리를 즐겁게 해준다.

나는 특별히 손녀들에게 늘 구제를 가르친다. 노숙자 사역에도 종종 데려가서 참여하게 한다. 벌써 아이들 마음속에는 노숙자들은 반드시 도와야 할 대상이라는 것이 새겨져 있다. 그래서 차를 타고 가다가도 길에 노숙자가 있으면 아이들이 크게 소리 지른다.

"여기 노숙자 있어요!"

그냥 지나치면 큰일 날 것처럼 생각을 한다. 그래서 우리는 차에 항상 구제를 위해 지폐를 여유 있게 준비하고 다닌다.

손녀들에게는 돼지 저금통이 있다. 돈이 생기면 항상 거기에다 넣는다. 그리고 매년 성탄절이 되면 돼지 저금통을 털어 시내의 노숙자들 한 분 한 분에게 직접 나누어 주게 한다. 아이들은 1년 동안 이날을 간절히 기다린다.

손녀들에게 구제 교육

나는 어려운 자들을 돕는 것이 일상이 되고 기쁨이 되도록 늘 가르치고 있다. 이것이 손녀들에게 내가 전해 줄 가장 큰 축복의 유산이기 때문이다.

"마땅히 행할 길을 아이에게 가르치라 그리하면 늙어도 그것을 떠나지 아니하리라" **잠 22:6**

59.
똥 가방

구제는 반드시 해야 하는 하나님의 명령이다. 구제를 하려면 가장 먼저 해야 할 것이 절제다. 내가 쓸 것을 아껴야 불쌍한 형제들과 조금이라도 더 나눌 수 있다. 내가 하고 싶은 것 다 하면 절대로 구제할 여력이 생기지 않는다. 절제는 성령의 아홉 가지 열매 중 하나이다.

> 오직 성령의 열매는 사랑과 희락과 화평과 오래 참음과 자비와 양선과 충성과 온유와 절제니 이같은 것을 금지할 법이 없느니라
> 갈 5:22-23

최근에 성도들 사이에 명품에 대한 열망이 독버섯처럼 퍼져 가고

있다. 서로 경쟁이라도 하듯 명품을 자랑하고 다닌다. 이곳에 온 한 청년에게 한번 물어 보았다. "만약에 하나님께서 1억 원을 주시면 그 돈으로 뭘 하고 싶니?" 청년은 한참을 생각하더니 "집을 사기에는 부족하고, 아마도 명품을 살 것 같습니다"라고 답했다. 평생 신앙생활을 하고 신학대학을 졸업한 청년 입에서 이런 말을 듣다니, 참으로 큰 충격을 받았다.

한때 한국 사회에 명품 가방 열풍이 불었다. 너나없이 같은 디자인의 가방을 들고 다녔다. 알아 보니 프랑스제 루비똥 가방이었다. 사실 정확한 발음은 '루이비통'이나 대개는 '루비똥'이라고 쉽게 부른다. 나는 줄여서 이것을 '똥 가방'이라고 한다. 교회 안에도 이 똥 가방을 안 들고 다니는 여성도가 거의 없다시피했다.

내가 충격을 받은 것은 이 가방의 가격이었다. 누군가로부터 이 똥 가방이 200만 원이라는 소리를 들었다. 아니, 도대체 무슨 가방이 하나에 200만 원이나 한단 말인가? 나로서는 도저히 이해가 되지 않았다. 시중에는 얼마 주지 않아도 튼튼하고 예쁜 가방들이 많은데 어떻게 귀한 물질을 이런 사치에 사용할 수 있는지 참으로 안타까웠다.

그때부터 한국 교회에 집회를 하면서 강하게 질책했다. 내 이웃이 굶어 죽어가고 있는데 어떻게 그리스도인이 똥 가방 하나에 200만 원을 사용하느냐고 책망을 했다. 어느 교회에서 이렇게 책망을 하는데 마침 예배에 참석했던 아들 옆에서 한 아주머니가 혼자서 이렇게 중얼거렸다는 것이다. "저 목사님 진짜 세상 물정 모르시네! 200만 원짜리 똥 가방이 어디 있다고…." 아니 그럼 가방 하나가 얼마나 한단 말인가?

다음 날 동네 백화점에 똥 가방 매장을 방문해서 가방 가격을 물어 보았다. 신상품이라면서 가방을 하나 보여 주더니 700만 원이라고 했다. 기가 막혔다. 그래서 200만 원짜리가 있다는데 보여 달라고 했더니, 매장에는 그런 가방이 없고, 아마 창고 정리를 하며 유행이 지난 가방을 팔 때 간혹 특가 상품으로 나올 때가 있다고 했다.

오늘 많은 성도들이 이런 가방들을 들고 교회에 나온다. 불쌍한 이웃들에게는 단돈 10만 원도 내놓지 않으면서 똥 가방을 자랑하고, 당당하게 그리스도인으로 살아간다. 물론 모든 성도가 그런 것은 아니다. 정말 아끼고 아껴서 어려운 이웃을 돌보는 선한 사마리아인들도 곳곳에 많이 있다. 그러나 형편만 된다면 명품을 즐길 사람이 많다.

하나님은 우리에게 사치하라고 물질을 맡기신 것이 아니다. 가난한 자를 돌보고 하나님의 의를 이루라고 맡기셨다. 우리는 청지기임을 잊어서는 안 된다. 항상 거지처럼 살라는 말이 아니다. 그저 절제하라는 것이다. 보통의 삶을 살면 누가 뭐라고 하겠는가? 절제하지 않으면 절대 구제할 수 없다. 나 자신은 철저히 절제하고 불쌍한 이웃에게는 관대해야 한다.

참으로 마음이 아프게도, 내가 이런 설교를 하면 안색이 별로 좋지 않은 목회자들도 종종 있다. 교인들로부터 최고의 대접을 받아야 하는데 절제하라고 하니 듣기가 싫은 것이다. 모든 목회자들이 다 그런 것은 아니다. 정말 절제하며 선을 행하고 사시는 목회자들도 많이 계시다.

이곳에서도 교회 헌금으로 대저택에서 최고의 삶을 산 목사님이 있었다. 그의 원리는, 담임 목사가 잘 누려야 교인들도 같은 삶을 누릴 수 있다는 것이었다. 참으로 기가 막힐 노릇이다. 예수님은 있을 곳이 없어 마구간에 오신 분이다. 그리고 이 땅의 삶 속에서 머리 둘 곳이 없으셨다.

"예수께서 이르시되 여우도 굴이 있고 공중의 새도 집이 있으되 인자는 머리 둘 곳이 없도다 하시고" 눅 9:58

우리는 절제해야 한다. 그리고 물질을 어려운 자들과 함께 나눠야 한다. 물질의 주인은 내가 아니고 하나님이시다. 다시 한번 청지기의 의식을 가슴에 새겨야 할 때이다.

"오직 선을 행함과 서로 나누어 주기를 잊지 말라 하나님은 이같은 제사를 기뻐하시느니라" 히 13:16

60.
주택 임대 사업

인간은 완전할 수가 없다. 위대한 믿음의 조상들도 실수가 많았다. 아브라함도, 이삭도, 야곱도 모두 실수가 많았다. 하나님의 뜻보다 인간적인 생각이 앞섰을 때 실수가 생겼다. 나도 평생 절대적인 믿음을 외치면서 살아왔지만 때로는 인간의 생각이 앞서 실수한 적이 많다. 아무리 선한 목적을 가지고 있다고 해도 내 뜻대로 하는 일은 하나님의 뜻과 배치될 수 있다.

선교 사역이 확장되다 보니 내 마음에 더 큰 일들을 해보고 싶은 욕심이 생겼다. 그리고 이 사역을 위해 앞으로 안정적인 자금을 마련할 계획들을 세우기 시작했다. 그동안 오직 하나님이 주시는 것으로 선교해 왔던 그 믿음이 무너지고, 서서히 인간의 머리로 물질

을 만들어 보려는 마음들로 채워지기 시작했다. 분명 선한 목적이었
으나 하나님의 뜻보다 내 생각이 우선되었고, 하나님의 능력보다 내
힘으로 물질을 만들어 보려는 마음이 나를 지배하였다.

인간의 지혜를 총동원하여 생각한 것은 은행돈을 빌려 집을 사
모으는 것이었다. 아주 논리적이고 지혜로운 생각 같았다. 그 당시
상황으로는 임대료를 받아 은행 이자를 충분히 갚을 수 있었다. 몇
년만 잘 관리하면 집값이 올라 어려움 없이 선교 프로젝트를 성공적
으로 해나갈 수 있을 것 같았다.

나는 은행에서 융자를 내서 집을 무려 35채나 확보했다. 집값은
시간이 흐르면 계속 오르기 때문에 조금만 기다리면 엄청난 선교자
금이 확보될 것 같았다. 그 당시 내 마음에는 온통 집 생각으로 가
득했다. 심지어는 수요일, 금요일 예배 시간 전까지 집을 임대하고
관리하는 일로 분주하여 준비도 제대로 하지 않고 예배를 인도하는
날이 많았다. 선교 때문에 하는 일이라고 합리화하면서 하나님보다
물질을 만드는 데 마음을 빼앗겨 있었다.

이런 내 모습을 보면서 아내는 무척 염려했다. "당신이 집사지 무
슨 목사냐? 평생 집이나 사고 다니는 사람이 무슨 목사냐? 제발 그
만 정리하고 목회에 집중하라"고 간곡히 말렸으나 귀담아 듣지 않았
다. 오히려 앞으로 자금을 만들어 더 많은 선교를 하리라는 꿈에 젖
어 있었다.

그러나 인간의 지혜로 선교 자금을 마련하려고 했던 내 생각이 잘못된 것임을 깨닫는 데는 그리 오랜 시간이 걸리지 않았다. 많은 세입자들이 임대료를 제대로 내지 않고 도망가는 일들이 계속 발생했다. 얼마나 답답하고 머리가 아픈지 편히 잠을 잘 수가 없었다. 매일 빌딩 매니저를 보내 보고 관리업체에게 맡겨 보기도 하는 등 가능한 수단을 다 동원했으나 임대료를 내지 않고 버티거나 도망가는 사람이 늘어만 갔다. 삶의 기쁨이 사라지고 지칠 대로 지쳐 무기력한 나날을 보냈다.

오직 하나님의 은혜로만 살아오던 내가 교만해져서 내 힘으로 무엇을 이루어 보려고 했던 잘못을 깊이 회개했다.

"하나님! 저의 악함을 용서해 주옵소서. 다시는 제 힘으로 살려고 하지 않겠습니다. 다 정리하겠습니다. 앞으로는 오직 하나님이 주시는 것으로만 하나님의 영광을 위해 살아가겠습니다."

간절히 회개 기도를 하고 집을 전부 정리하기로 마음을 정했다.

집을 정리하면서 손실이 얼마나 날지를 몰랐다. 제발 손해만 보지 않게 해달라고 간구했다. 그랬더니 참으로 놀라운 일이 일어났다. 집을 팔려고 내놓자 갑자기 집값이 폭등하기 시작한 것이다. 몇 달 만에 집 한 채에 수십만 불이 올라갔다. 20년 넘게 뉴질랜드에 살면서 단기간에 이렇게 집값이 폭등하는 것을 본 적이 없었다. 하나님께서는 나의 실수에도 불구하고 선교하고자 하는 마음을 불쌍히 보시고 기적을 보여 주셨다. 모든 집을 처분했을 때에 수십억의 선교자금을 허락하여 주셨다.

"너희 조상의 하나님 여호와께서 너희를 현재보다 천 배나 많게 하시며 너희에게 허락하신 것과 같이 너희에게 복 주시기를 원하노라" 신 1:11

61.
천국 빵 공장

　홍순목 장로님은 뉴질랜드에서 성공적으로 회계법인을 운영하던 분이다. 홍 장로님은 고려대학교와 경영대학원을 마치고 직장 생활을 하던 중 호주대사관에서 선발한 국비 유학생으로 선정되어, 시드니 뉴사우스웨일즈 대학원에서 회계학 석사과정을 마치고 영연방 공인회계사를 취득한 인재이다. 1996년에 뉴질랜드에 정착하여 2017년까지 오클랜드와 크라이스트처치에서 공인회계사 사무실을 운영해 온 성공적인 사업가이기도 하다.

　그분이 어느 날 나를 찾아와서 지금까지 살아왔던 이야기와 미래에 대한 계획을 이야기하셨다. 홍 장로님은 고등학교 2학년 시절에 아버지의 사업이 완전히 망하여 짐을 싸들고 도서관에서 생활을 했다. 3학년 1학기까지 먹을 것이 없어서 삼립식빵 한 봉지로 아침과 저녁 끼니를 해결하고, 점심에는 운동장 수돗가에서 물로 배를 채웠다. 결국엔 영양실조로 몸무게가 45킬로그램까지 떨어지고 오른쪽 폐가 망가져 휴학할 수밖에 없었다.

허기로 고통 받던 암울한 시절을 보낼 때에 그분은 하나님께 서원을 했다. 60세가 되면 모든 것을 정리하고 남은 생애를 배고픈 자에게 빵을 나눠 주는 삶을 살겠다는 것이었다. 그분은 이제 예순이 되었으니 하나님과의 약속을 지키려고 한다고 했다. 그동안 수십 년 일궈 온 안정적인 사업도 다 접고 태국 국경에 빵 공장을 세우겠다고 했다. 참으로 감동적이고 아름다운 여정이었다. 나도 미약하나마 빵 공장을 세우는 데 힘을 보태기로 했다.

마침내 홍 장로님은 계획대로 태국 치앙라이 북방 3개국 국경(태

빵 공장

제빵 교육

국, 미얀마, 라오스 트라이앵글 지역)에 인접한 메사이 지역에 아름다운 빵 공장을 세웠다. 빵다섯선교센터가 문을 열고, 돈을 벌기 위해 미얀마에서 태국 메사이로 불법 입국한 미얀마 난민 노동자들에게 사랑의 손길을 펼쳤다. 매일 아침 이들이 모이는 길거리 인력시장을 찾아가 직접 구운 소시지 빵과 우유를 나누어 주고, 그들을 위로해 주고 복음을 전하고 있다. 미얀마 난민촌과 고아원 어린이들에게도 빵과 음료수를 나누어 주고 있다. 또 치앙라이 현지 선교사들과 협력하여 미얀마 신학생들에게 제빵 훈련 프로그램도 성공적으로 시행하고 있다. 참 아름다운 사역이다.

아직도 세계 곳곳에는 먹을 것이 없어 굶는 이들이 너무 많다. 선교는 복음만으로는 이루어질 수 없다. 먼저 그들의 필요를 채워 주어야 한다. 먼저 배를 채워 줘야 마음이 열리고, 마음이 열려야 전도의 문이 열린다. 6·25 전쟁 이후 폐허가 된 우리나라에 서양 선교사들이 복음을 들고 들어왔다. 그분들이 제일 먼저 한 일이 배고픈 자에게 양식을 나눠 주는 것이었다. 그리고 병원과 학교를 세우고 또 교회를 세워 주었다. 이런 은혜를 입었던 우리 민족이 이제는 배고픈 민족들을 도와야 한다.

배고픈 설움은 당해 보지 않으면 모른다. 하나님께서는 특별히 고아와 과부와 나그네를 돌보라고 하셨다. 이들의 공통점은 의지할 곳이 없다는 것이다. 우리가 그들의 의지할 곳이 되어 주어야 한다.

성경은 계속적으로 구제를 강조한다. 구제는 반드시 해야 할 우리의 의무이자, 하나님의 은혜를 입은 자로서 마땅히 해야 할 도리이기 때문이다. 예수님의 마음은 긍휼이다. 가난한 자도, 병든 자도,

난민들에게 빵 나눔

죄인도 모두 불쌍히 여기셨다. 긍휼은 영어로 compassion인데 이것은 'com'(함께)과 'passion'(아픔)의 합성어이다. 즉 상대의 아픔을 함께한다는 뜻이다.

코로나로 너무나 많은 이들이 고통을 당하고 있다. 이제는 그들의 아픔을 함께하는 긍휼의 마음으로 살아야 할 때이다.

"네 하나님 여호와께서 네게 주신 땅 어느 성읍에서든지 가난한 형제가 너와 함께 거주하거든 그 가난한 형제에게 네 마음을 완악하게 하지 말며 네 손을 움켜 쥐지 말고 반드시 네 손을 그에게 펴서 그에게 필요한 대로 쓸 것을 넉넉히 꾸어주라" 신 15:7-8

62.
Good man, Good man!

주님께서는 우리에게 구제의 주머니를 만들라고 하셨다. 나는 이 말씀을 따라 구제의 주머니를 늘 준비한다. 매일 길을 나서기 전에 주머니에 구제할 충분한 돈이 있는지 늘 확인한다. 특별히 외국을 나갈 때면 꼭 그 나라의 돈을 환전해서 구제할 돈을 충분히 준비한다. 내가 늘 이렇게 하는 이유는 주님의 말씀에 순종해야 하기 때문이기도 하지만 무엇보다 나에게 큰 기쁨이 되기 때문이다.

그리고 외국을 갈 때 꼭 챙기는 것이 우리가 직접 제작한 점퍼이다. 이 점퍼에는 특별한 성구가 적혀 있다.

'With God nothing is impossible.'

'하나님이 함께 하시면 불가능이 없다'라는 말씀이다. 이 점퍼를 입고 길을 가다 보면 많은 사람들이 엄지를 척 들어 주기도 하고 직

말씀 점퍼를 입고

접 말을 건네기도 한다. 한번은 한 외국 아주머니가 와서 자기가 어떤 문제로 너무 큰 염려에 빠져 있었는데 오늘 이 말씀을 보고 응답을 받았다고 기뻐한 적도 있다. 그래서 늘 이 점퍼를 즐겁게 입고 다닌다.

시드니는 집회차 종종 가는 곳이라 매우 익숙하다. 갈 때마다 늘 묵는 저렴한 숙소가 있다. 시내 중심에서 조금 떨어지긴 했으나 주위에 한국 가게들도 있어서 지내기 편리하다. 그곳에서 시드니 오페라 하우스가 있는 곳까지 걸어서 가면 약 1시간이 걸린다. 그 길은 시드니에서 가장 번잡한 거리다. 그래서 곳곳에 구걸하는 사람들이 많다. 나는 그들을 만나려고 늘 1시간을 걸어서 다닌다. 그때가 나에게는 참으로 행복한 시간이다. 최소 한 끼의 식사라도 해결할 수 있도록 10달러 혹은 20달러짜리 지폐를 나누곤 한다. 말씀이 적힌 점퍼를 입고 시간이 나는 대로 늘 이 거리를 걸어 다닌다.

한번은 구걸하는 이들에게 돈을 주고 가는데 한 중년 남성이 계속 나를 따라왔다. 그러면서 "Good man, Good man!"을 계속 외쳤다. 참 민망하기도 했으나 한편으로는 그 사람을 통하여 들려주시는 하나님의 칭찬 같기도 했다.

오늘 우리가 이 땅에서의 삶을 마감하고 하나님 앞에 섰을 때에 들어야 할 가장 복된 말은 'Good and faithful servant!'(착하고 충성된 종!)이다. 이 한마디 말을 듣기 위해 살아가야 한다. 우리에게 가장 필요한 것은 세상의 환호와 칭찬이 아니라 하나님이 칭찬하실 이 한마디이다.

> "그 주인이 이르되 잘하였도다 착하고 충성된 종아 네가 적은 일에 충성하였으매 내가 많은 것을 네게 맡기리니 네 주인의 즐거움에 참여할지어다 하고" 마 25:21

노숙자 섬김

우리는 너무 세상의 칭찬에 목말라한다. 믿음의 사람들은 어떤 고난 속에서도 하나님이 하시는 칭찬의 한마디를 듣기 위해 목숨도 아끼지 않았다. 바울은 로마 감옥에서 임종을 앞에 두고 하나님이 주실 상급을 생각하며 감격에 젖었다. 하나님으로부터 들을 이 칭찬의 한마디 "Good man, Good man!"이 오늘도 내 마음을 뜨겁게 한다.

> "나는 선한 싸움을 싸우고 나의 달려갈 길을 마치고 믿음을 지켰으니 이제 후로는 나를 위하여 의의 면류관이 예비되었으므로 주 곧 의로우신 재판장이 그 날에 내게 주실 것이며 내게만 아니라 주의 나타나심을 사모하는 모든 자에게도니라" **딤후 4:7-8**

63.
이른 비와 늦은 비의 기적

하나님께서는 인간의 지식으로는 상상조차 할 수 없는 기적의 일들을 뉴질랜드 땅에서 행하셨다. 이 기적의 역사를 모든 사람에게 알리고 싶은 마음이 너무나 간절했다. 다윗도 그의 삶을 통하여 역사하신 하나님의 기이한 행적을 전심을 다해 알렸다. 하나님의 위대하심을 알리지 않고는 마음이 불편하여 견딜 수가 없었기 때문이다. 이것이 하나님의 은혜를 아는 자의 마음이다.

"여호와께 노래하여 그의 이름을 송축하며 그의 구원을 날마다 전파할지어다 그의 영광을 백성들 가운데에, 그의 기이한 행적을 만민 가운데에 선포할지어다" 시 96:2-3

어떻게 하면 하나님의 기이한 행적을 만인에게 알릴 수 있을까 늘 고민하고 있을 때에, 한국에서 기독교 출판사를 운영하는 분이 나를 찾아왔다. 그리고 이 놀라운 일을 반드시 책을 통해 알리자고 권면했다. 한 번도 책을 써 본 적이 없는 나로서는 엄두가 나지 않았다. 그러나 반드시 하나님의 놀라운 역사를 알리고 싶었다.

약 2개월간 밤잠을 설치며 원고를 만들었다. 성령님의 큰 도움이 있었다. 책은 《재벌 하나님 나의 아버지》(추후 《이른 비의 기적》으로 변경)라는 제목으로 출간되었고 엄청난 화제를 일으켰다. 집회를 다니면 책이 불나게 팔렸다. 한 사람이 그 자리에서 100권을 사가기도 했다. 어떤 분은 하늘이 내려 준 책이라고 감격하며 회사 전 직원에게 선물로 주기도 했다. 책이 나온 후 여러 기독교 방송과 신문 인터뷰를 통하여 하나님의 놀라운 역사를 간증했다. 기독교 방송 〈새롭게 하소서〉에는 무려 세 번이나 출연하여 하나님께 영광을 올렸다.

몇 년이 지난 후에 다시 마음에 안타까움이 있었다. 몇 년 동안 하나님께서 계속적으로 엄청난 기적의 역사를 허락해주셨기 때문이다. 다시 이 놀라운 하나님의 역사를 책으로 담고 싶었다. 성령님께서 강하게 마음을 주셔서 제2권 《늦은 비의 기적》을 썼다. 성령님께서 얼마나 강한 감동을 주셨는지 8일 만에 책이 완성되었다. 책을 읽는 모든 분에게 큰 도전이 되었다. 하나님께서 살아 역사하시는 모습이 책 속에 너무나 생생하게 나타나기 때문이었다.

책을 쓴 목적은 오직 하나님께 영광 돌리고 하나님의 기이한 행적을 만인에게 알려서 뭇 사람들이 하나님만 의지하고 섬기도록 하

두 권의 간증집

는 것이었다. 하나님은 이 목적을 이루도록 역사하셨다. 수많은 이들이 이 책을 통하여 새롭게 하나님을 만나고 삶의 방향을 바꾸었다. 물질을 주인으로 삼고 살아가던 사람들이 이제는 하나님을 주인으로 삼고 살게 되었다. 절망에 있던 사람들이 이제는 하나님 안에서 새로운 소망을 가지게 되었다. 수많은 사람들의 감동적인 고백을 들을 수 있었다. 이런 하찮은 자를 통하여 하나님께 영광 올릴 수 있도록 해주신 은혜가 너무나 감사했다.

책이 나오고 나서 책 판매 수익금이 많이 생겼다. 이 수익금도 오직 하나님의 영광을 위해 사용하기로 결단했다. 인세뿐 아니라 판매대금 전액을 북한에서 온 아이들의 생활비와 장학금으로 지급하고 있다. 내 모든 삶 속에서 하나님은 한 번도 나를 실망시키지 않으셨다. 물질이 필요하면 물질을 주시고, 사람이 필요하면 사람을 보내주셨다. 그리고 책을 쓰고자 하면 책을 쓰도록 모든 것을 준비해 주시고, 방송조차도 원하는 대로 할 수 있게 해주셨다. 하나님 안에는 불가능한 일이 없다.

> "시온의 자녀들아 너희는 너희 하나님 여호와로 말미암아 기뻐하며 즐거워할지어다 그가 너희를 위하여 비를 내리시되 이른 비를 너희에게 적당하게 주시리니 이른 비와 늦은 비가 예전과 같을 것이라" 욜 2:23

64.
못다 한 한마디

최근에 가슴이 미어지는 안타까운 일이 있었다. 우리 동역 목사님으로부터 뉴질랜드의 작은 도시에서 열심히 목회하던 젊은 목사님이 암으로 투병 중이라는 이야기를 들었다. 한 번도 만난 적이 없지만 같은 사역자로서 마음이 아파 늘 위해서 기도하며 약간의 후원을 하곤 했다. 그리고 얼마 있지 않아 이곳 병원에서 3개월 시한부 진단을 받았고, 이곳에서는 도저히 소망이 보이지 않아 급히 한국으로 가게 되었다는 소식을 들었다.

너무 안타깝고 마음이 아팠다. 그러나 죽은 자도 살리시는 하나님이시기에 소망을 버리지 않고 늘 회복을 위하여 기도했다. 아무래도 한국의 의료 수준이 이곳보다 월등하기 때문에 충분히 완치될 것이라는 소망이 있었다. 그리고 사모님과 카톡으로 목사님의 상태를 파악하고 매일 말씀으로 위로하며 함께 기도했다. 한평생 주를 위해 살아온 사역자이니 완치를 위해서 내가 할 수 있는 최선을 다해야겠다는 다짐을 했다.

한국 땅에서 치료를 받으려면 아무래도 가장 큰 문제가 치료비일 것이다. 이곳에서 어렵게 유학생 목회를 하는 분인데 어떻게 치료비를 감당할지 염려가 되었다. 사모님을 통하여 조심스럽게 그곳 상황을 물어 보았다. 적지 않은 병원비가 매달 나오고 있었다. 하나님께서 나에게 어려운 분들을 위해 사용하도록 물질을 주셨기에 어떻게든 치료비 때문에 어려움을 겪지 않도록 돕고 싶었다.

생각보다 치료 기간이 길어지고 매달 많은 병원비가 나왔다. 정확히 그곳 사정은 알 수 없었으나 사모님과 자녀들이 겪을 고통을 생각하니 늘 마음이 아팠다. 꼭 살아서 기쁘게 만나고 싶었다. 그래서 완치될 때까지 치료비를 지원하겠다는 마음을 먹고 병원비로 수천만 원을 보냈다. 곧 골수이식을 하게 되었다는 기쁜 소식을 들었다. 소망을 가지고 기도하며 기다렸다. 그러나 너무나 안타깝게도 골수이식 수술을 며칠 앞둔 새벽에 한 통의 카톡이 와 있었.

"목사님! ○○ 아빠는 주님 품에 안기었습니다. 얼마나 좋을까요…"

한동안 아무런 생각도 할 수 없었다. 그분이 떠난 영원한 나라를 생각하면 분명 기쁜 일이지만 현실에서 몰려오는 아픔은 주체할 수가 없었다. 조용히 무릎을 꿇고 기도했다.

"주님! 목사님에게는 영원한 안식을 주시고 남은 가족에게는 천국의 평안을 주세요."

그리고 장례 후 얼마 뒤 사모님으로부터 글이 왔다.

> 사랑하고 존경하는 목사님!
>
> 저희는 모든 장례 일정을 다 마치고 집으로 왔습니다. 애들 재우다 같이 잠들어 몇 시간 자고, 자동으로 눈이 떠져 이 시간에 일어났네요. 목사님. 모든 장례는 덕분에 은혜로운 시간이었습니다. 네~ 맞습니다. 목사님! ○○ 아빠는 고통도 없는 곳에서 얼마나 좋을까요. 주님 품에 안겨 얼마나 좋을까요. 단지 인간적으로 너무 보고 싶어 그렇지…. 또 만날 거니까 그것만으로 큰 위로가 됩니다.
>
> 목사님! ○○ 아빠가 병상에 있을 때 목사님께 꼭 드리고 싶은 말씀이 있다고 했는데 뭐가 급했는지 이렇게 가 버렸네요. 목사님께 하고 싶은 말이 뭐였을까 생각해 보니, '감사하다'는 말, '그동안 너무너무 감사했다'는 말을 하고 싶어서 그랬지 않나 싶습니다. 목사님은 저희에게 너무 큰 힘과 위로였습니다! 목사님을 통해 주신 하나님의 위로와 격려가 너무 컸습니다. 지금도 그렇고요. 목사님! 남은 저와 아이들이 부끄럽지 않은 삶을 살도록 계속 기도 부탁드립니다!
>
> 목사님, 건강하세요.
>
> 목사님, 참으로 감사를 드립니다.

"만일 형제나 자매가 헐벗고 일용할 양식이 없는데 너희 중에 누구든지 그에게 이르되 평안히 가라, 덥게 하라, 배부르게 하라 하며 그 몸에 쓸 것을 주지 아니하면 무슨 유익이 있으리요 이와 같이 행함이 없는 믿음은 그 자체가 죽은 것이라" **약 2:15-17**

65.
선교지에서 온 편지

코로나로 고통을 받는 분들이 날이 갈수록 늘어나고 있다. 지난 2년간 특별히 기아지역에 양식을 나누는 사역에 더 마음을 기울였다. 30여 개국에 수억 원에 달하는 양식을 제공했다. 무엇보다 이 귀한 사역을 해주신 현지 선교사님들에게 깊은 감사를 드린다.

이번 양식 나눔 사역을 하고 보내온 몇몇 선교사님의 글을 함께 나누려고 한다.

안녕하세요? 늘 같은 일상에서 허기짐과 소외라는 빈곤에 익숙한 이들에게 오늘의 쌀 나눔은 모처럼의 큰 위로와 배부름이었습니다. 다니엘선교센터에서 큰일을 하셨습니다. 머리 숙여 감사드립니다. (캄보디아 추○○ 선교사)

가난한 자와 고아와 과부를 위하여 기도하면 늘 눈물이 폭포수처럼 쏟아졌습니다. 이번 쌀 나누는 프로젝트를 하며 기적을 경험하는 것 같습니다. 홍해가 갈라지듯이 내 뜻이 아닌 아버지의 뜻이 온전히 이 땅 가운데 이루어지길 기도 합니다. (필리핀 박○○ 선교사)

사마리아 초등학교 재적 인원 568명 중에 학교 출석 인원 498명을 교사 10명이 가르치고 있습니다. 긴 가뭄으로 배고픔과 질병 때문에 학

세계 각국 양식 나눔

업을 중단하고 집에 머무는 아이들이 많다고 합니다. 마을 어른들과 아이들이 며칠이라도 넉넉한 식사를 할 수 있게 되어 감사합니다. 오늘 레민율 초등학교에 옥수수가루를 나누어 주고 왔습니다. 학기 마지막 날인 오늘, 받은 선물을 들고 기쁨의 웃음을 서로 나누며 집으로 돌아가는 아이들의 뒷모습을 바라보는 선생님들이 저희에게 감사 인사를 전했습니다. (탄자니아 이○○ 선교사)

오늘도 비가 많이 내렸지만 어제 비닐봉투를 구입하여 쌀을 넣어서 나누어 주었습니다. 생활이 정말 어려운 이들만 선별하여 나누어 주었는데, 같은 생활환경 가운데 있지만 양식을 받지 못한, 근처에 사는 다른 분들에게 오히려 미안한 마음이 들어서 다음에 기회가 되면 돕겠다고 이야기했습니다. 다니엘선교센터를 통해 코로나와 많은 비로 인한 홍수로 또는 교통사고로 고통당하는 이웃들을 만나 그리스도의 사랑을 나눌 수 있게 됨을 감사드립니다. (태국 정○○ 선교사)

오늘 200가정을 가가호호 방문을 하면서 복음을 전했습니다. 복음과 함께 떡도 나눌 수 있어 행복했습니다. 어렵고 아프고 힘든 가정을 찾아 나섰습니다. 쓰레기 매립장에서도 전도하면서 나눔을 가졌습니다. 마음이 짠한 가정을 많이 만났습니다. 그들에게 예수님도 나누고 마음도 함께 나누었습니다. 모든 영광 하나님께 올려 드립니다. (캄보디아 김○○ 선교사)

저희 교회에서 학교를 하며 아이들을 교육을 하고 있는데, 이 아이들의 가정들을 초대하여서 모임을 진행하며 나눔을 하였습니다. 또 음식을 준비하여 모임을 진행하며 함께 배부르게 먹었습니다. 난민으로서 어디서나 소외되는 영혼들인데 교회의 섬김으로써 하나님 안에서 귀한 존재라는 것을 인식시켜 주며 하나님의 사랑을 흘려보냈던 것 같습니다. (터키 이○○ 선교사)

오늘 마사이 부족 마을에서 양식 나눔을 하였습니다. 그동안 가뭄에 많은 사람들이 어려움을 겪었는데 오늘 비가 시작되는 먹구름이 몰려왔습니다. 비가 오면 가난한 사람들의 삶에 약간의 여유가 생길 것 같습니다. 당분간 넉넉한 양식과 갈증을 해결할 수 있는 비로 인해 더 없이 행복한 삶을 누릴 수 있을 것 같습니다. 가난한 이웃을 향해 사랑을 베풀어 주신 하나님의 은혜에 감사하고, 또 재정을 흘러 보내 주신 다니엘선교센터 모든 사역자분들의 수고에 감사드립니다. (아프리카 이○○ 선교사)

지금 이시간도 굶주림으로 죽어가는 사람들이 너무 많다. 우리는 너무 먹어서 다이어트를 하고 있다. 그러면서 죽어가고 있는 내 형제들을 돌보지 않는다면 우리가 어떻게 하나님의 복을 기대할 수 있겠나?

"자선을 행하는 것보다 하나님의 뜻에 더 합당하거나 우리를 하나님과 더 닮은 존재로 만들어 주는 것은 없다"라는 서양 격언이 있다. 깊이 마음에 새겨 볼 때이다.

"귀를 막고 가난한 자가 부르짖는 소리를 듣지 아니하면 자기가 부르짖을 때에도 들을 자가 없으리라" 잠 21:13

66.
참된 헌금⑴

헌금에 대해서 오해를 하고 있는 그리스도인이 많다. 조금만 깊이 생각해 보면 헌금의 참된 의미를 깨달을 수 있다.

하나님께서는 왜 헌금이란 제도를 만들어 헌금을 하도록 하실까? 천지를 지으신 분이 인간의 하찮은 헌금이 왜 필요하실까? 사실 우리의 헌금을 하나님이 사용하지는 않으신다. 하나님은 헌금을 통해서 우리의 마음과 정성을 받으시는 것이다. 물질을 바치는 것은 바로 내 마음을 바치는 것이기 때문이다. '네 보물 있는 그곳에는 네 마음도 있다'라고 하셨다. 헌금이란 하나님을 향한 나의 사랑과 감사의 표시이며, 하나님의 주권을 인정하는 믿음의 행위다.

헌금은 또한 하나님께 모든 것을 얻어 살고 있으며 오로지 하나님의 은혜로 살아감을 인정하는 믿음의 고백이다. 주님께서도 두 주인을 섬기지 말라고 하셨다. 우리는 헌금을 통해서 하나님만이 우리 인생의 참된 주인이심을 인정해 드리는 것이다.

> "한 사람이 두 주인을 섬기지 못할 것이니 혹 이를 미워하고 저를 사랑하거나 혹 이를 중히 여기고 저를 경히 여김이라 너희가 하나님과 재물을 겸하여 섬기지 못하느니라" 마 6:24

헌금은 우리에게 물질의 복을 주시려는 하나님의 판단의 기준이기도 하다. 하나님은 헌금의 액수를 보시는 것이 아니라 그 속에 담긴 우리의 진실된 믿음을 보신다. 부모들은 자녀에게 항상 가장 좋은 것으로 채워 주기를 원한다. 능력만 되면 부족함이 없도록 주고 싶어 한다.

그러나 능력이 되어도 함부로 줄 수 없을 때가 있다. 자녀가 물질을 바로 사용하지 않고 술과 도박과 유흥에 사용한다면 어느 부모도 주지 않는다. 돈을 주는 것이 바로 자식을 망치는 길이기 때문이다. 이런 자녀에게는 돈이 축복이 아니라 오히려 저주가 된다. 헌금을 하도록 하신 것은 바로 우리를 위한 것이다. 우리의 진실된 마음을 보시고 물질의 복을 주시기 위함이다.

하나님께서는 우리가 얼마나 물질이 필요한지 너무나 잘 알고 계신다. 물질이 있어야 가족을 돌보고, 어려운 사람을 돕고, 선교도 하고, 이 땅의 삶 속에서 하나님의 의를 이루어 갈 수 있다. 우리가 하나님의 자녀로 온전히 살아가는 데에 물질은 반드시 필요하다. 하나님은 나 자신보다도 더 우리에게 물질을 주시기 원하신다. 그러나 이 물질로 자기의 쾌락을 위해 사용하고 오히려 하나님과 멀어진다면 절대로 주시지 않는다.

오늘이라도 참된 헌금을 통하여 물질보다 하나님을 더 사랑한다는 내 진실된 마음을 보여 드리면 하나님은 필요한 모든 물질을 다 채워 주실 것이다. 헌금은 하나님의 자녀들이 물질의 복을 누릴 수 있도록 주신 하나님의 특권이다.

헌금이란 하나님께서 우리에게 복을 주시겠다는 약속이다. 또한 모든 것이 하나님의 것임을 인정해 드리는 내 마음의 표현이다. 헌금이란 하나님을 향한 내 믿음을 보여 드리는 것이며, 베풀어 주신 은혜에 대한 감사의 표현이다. 헌금은 물질의 많고 적음의 문제가 아니라 내 마음의 문제요, 진실의 문제요, 사랑의 문제이다. 오늘따라 송명희 시인이 쓴 "하나님께 드릴 때"라는 시가 가슴을 울린다.

하나님께 나의 마음을 드릴 때
나의 마음을 보시고
하나님께 나의 눈길을 드릴 때
나에게 하나님의 눈길을 주시네
하나님께 입술의 말을 드릴 때
하나님의 말씀을 나에게 주시고

하나님께 나의 사랑을 드릴 때
하나님이 나를 사랑해 주시네
하나님께 내 모든 것 드릴 때
하나님의 모든 것을 주시네

"오직 너희를 위하여 보물을 하늘에 쌓아 두라 거기는 좀이나 동록이 해하지 못하며 도둑이 구멍을 뚫지도 못하고 도둑질도 못하느니라" 마 6:20

67. 참된 헌금(2)

오늘날 그리스도인들이 하나님께 헌금을 드리지만 진실된 마음으로, 깊은 감사의 마음으로 드리는 사람은 그렇게 많지 않은 것 같다. 그저 형식적으로 남이 하니까, 남의 눈을 의식해서, 자기를 드러내기 위해서, 혹은 보상을 바라고 하는 잘못된 헌금이 많은 것 같다. 정성이 없고 진실이 없고 사랑이 없는 헌금은 아무리 큰 액수일지라도 참된 헌금이 아니다. 올바른 물질관을 가지지 못하면 절대로 온전한 그리스도인이 될 수 없다.

하나님께서 이스라엘 민족의 악을 책망하실 때에 제일 먼저 헌금에 대해서 책망하셨다.

"만군의 여호와가 이르노라 너희 조상들의 날로부터 너희가 나의 규례를 떠나 지키지 아니하였도다 그런즉 내게로 돌아오라 그리하면 나도 너희에게로 돌아가리라 하였더니 너희가 이르기를 우리가 어떻게 하여야 돌아가리이까 하는도다 사람이 어찌 하나님의 것을 도둑질하겠느냐 그러나 너희는 나의 것을 도둑질하고도 말하기를 우리가 어떻게 주의 것을 도둑질하였나이까 하는도다 이는 곧 십일조와 봉헌물이라" 말 3:7-8

회개의 첫 단계는 바로 물질에 대한 회개이다. 종교개혁자 칼빈은 이런 말을 남겼다. "우리의 문제는 교회에서 돈에 대해 너무 많이 이야기하는 것에 있는 것이 아니라 돈에 대해서 바르게 이야기하지 않는 것에 있다." 존 웨슬리도 비슷한 말을 남겼다. "나는 주머니가 회개하지 않는 사람의 회개를 믿을 수 없다." 참된 신앙은 바로 올바른 물질관에서부터 시작된다.

진정한 그리스도인이란 먼저 하나님의 것을 하나님의 것이라고 바로 깨닫는 사람이다. 환경을 초월하여 하나님의 것을 하나님께 기쁨으로 드릴 수 있는 사람만이 진실한 그리스도인이 될 수 있다.

성경은 헌금하는 우리의 자세를 매우 명확하게 가르쳐 준다. 헌금은 흠이 없는 깨끗한 것으로 드려야 한다.

"만군의 여호와가 이르노라 너희가 또 말하기를 이 일이 얼마나 번거로운고 하며 코웃음치고 훔친 물건과 저는 것, 병든 것을 가져

왔느니라 너희가 이같이 봉헌물을 가져오니 내가 그것을 너희 손에서 받겠느냐 이는 여호와의 말이니라" 말 1:13

하나님 앞에 드리는 것은 가장 깨끗한 것이어야 한다. 사기 치고 도적질하고 도박한 돈으로 하나님께 헌금해서는 안 된다. 쓰다 남은 돈을 아무렇게나 하나님께 드려서도 안 된다. 헌금은 거룩한 것이다. 구별해서 가장 좋은 것으로 하나님께 드려야 한다. 그저 즉흥적으로 헌금 주머니가 오면 손에 잡히는 대로 내는 자가 되어서는 안 된다. 이것은 하나님을 욕되게 하는 것이다. 이 헌금으로 오히려 저주가 올 수 있음을 알아야 한다.

"짐승 떼 가운데에 수컷이 있거늘 그 서원하는 일에 흠 있는 것으로 속여 내게 드리는 자는 저주를 받으리니 나는 큰 임금이요 내 이름은 이방 민족 중에서 두려워하는 것이 됨이니라 만군의 여호와의 말이니라" 말 1:14

헌금은 즐거운 마음으로 드려야 한다. 억지로 드리거나 인색한 마음으로 드려서는 안 된다.

"각각 그 마음에 정한 대로 할 것이요 인색함으로나 억지로 하지 말지니 하나님은 즐겨 내는 자를 사랑하시느니라 하나님이 능히 모든 은혜를 너희에게 넘치게 하시나니 이는 너희로 모든 일에 항상 모든 것

이 넉넉하여 모든 착한 일을 넘치게 하게 하려 하심이라" **고후 9:7-8**

늘 즐거운 마음으로 하나님께 드려야 한다. 기분이 좋다고 드리고 기분이 나쁘다고 안 드리면 안 된다. 헌금은 교회에 하는 것도 아니고 목사를 위해서 하는 것도 아니다. 오직 하나님께 내 마음과 정성을 드리는 것이다. 절대로 인색한 마음이나 억지로 드려서는 안 된다. 자기를 위해서는 물질을 아낌없이 쓰면서 하나님께 바치는 데에는 얼마나 인색한지 모른다. 이런 마음으로 어떻게 복을 받을 수가 있겠나?

의미심장한 이야기가 있다. 돈에도 수명이 있어서 오래된 돈은 불에 태운다. 불에 타기 직전에 1달러와 20달러 지폐가 만나서 서로의 살아온 길을 이야기하였다. 20달러 지폐가 "난 세상에서 좋은 레스토랑은 다 다녀 봤다. 파리도 가고, 브라질도 가고, 세상의 유명한 레스토랑은 다 가 봤어"라고 하자 1달러 지폐가 말했다. "그런 곳도 있었니? 난 교회란 교회는 다 가봤어. 가톨릭, 루터란, 장로교, 감리교…."

우리는 하나님께 너무나 인색하다. 하나님은 즐겁게 드리는 자를 사랑하시고 모든 것에 넉넉하게 넘치도록 채워 주신다. 헌금은 여유가 있다고 하는 것이 아니다. 마게도냐 교회들은 흉년으로 고통 받던 예루살렘 성도들을 위하여 극심한 가난 속에서도 넘치는 기쁨으로 풍성한 구제 연보를 했다.

"환난의 많은 시련 가운데서 그들의 넘치는 기쁨과 극심한 가난이
그들의 풍성한 연보를 넘치도록 하게 하였느니라" **고후 8:2**

시련 속에서, 가난 속에서도 기쁨으로 드릴 수 있어야 한다. 어려운 중에 드리는 헌금이 더 귀하고 가치 있다. 주님은 부자의 많은 헌금 대신 과부의 동전 두 닢을 칭찬하셨다. 어려운 중에 자기를 먼저 생각하지 않고 하나님을 위해 생활비 전부를 바쳤기 때문이다. 이런 자들에게 어떻게 하나님께서 물질의 복을 주시지 않겠나? 금액의 크고 작음이 중요한 것이 아니다. 적은 물질이라도 내 마음과 정성을 들여 드리는 이 물질이 온전한 헌금이 되는 것이다.

하나님께 드리는 것 중에서 헛된 것은 하나도 없다. 하나님께 드림으로 우리는 백 배, 천 배, 만 배의 복을 받는다. 내가 애쓰고 노력한다고 부하게 되지 않는다. 하나님이 기뻐하시는 온전한 헌금을 드릴 때 차고 넘치는 물질의 복을 누리게 된다.

"심는 자에게 씨와 먹을 양식을 주시는 이가 너희 심을 것을 주사
풍성하게 하시고 너희 의의 열매를 더하게 하시리니" **고후 9:10**

68.
구제의 복

인간은 누구나 행복하기를 원한다. 물론 사람마다 행복의 기준이 다르겠지만 가장 큰 행복은 나눔에서 온다고 생각한다. 베풀고 나눌 때에 오는 기쁨은 세상의 그 어떤 기쁨과도 비교할 수 없다. 이것은 베푸는 자만이 느낄 수 있는 행복이다.

오늘 많은 사람들이 얻는 기쁨, 내 것만 챙기려는 그런 마음으로 살아가고 있다. 자기 자신을 위해서는 흥청망청 아낌없이 쓰면서도 불쌍한 이웃을 위해서는 단 돈 천 원도 쉽게 내놓지 않는다.

인간은 중요한 진리를 망각하고 산다. 그래서 삶이 늘 피폐하다. 많이 가지면 가질수록 만족을 느끼는 것이 아니라 더 공허해진다는 너무나 중요한 진리를 모르고 산다. 이 세상에서 가장 신비한 일은 나눔이다. 마음을 나누지 않으면 마음에 공허함이 차오르고, 마음을 나누면 마음에 풍성함이 차오른다. 함께 나누지 않으면 가진 것이 내 곁을 떠나고, 좋은 것을 나누면 더 좋은 것이 내 안에 채워진다.

오늘날 가장 심각한 문제는 나눌 물질이 없는 것이 아니라 나눌 마음이 없는 것이다. 인생에서 성공보다 더 중요한 것은 행복이다. 나눔에 성공하지 못하면 그 인생은 행복할 수 없다. 사람이 고독을 느끼는 이유는

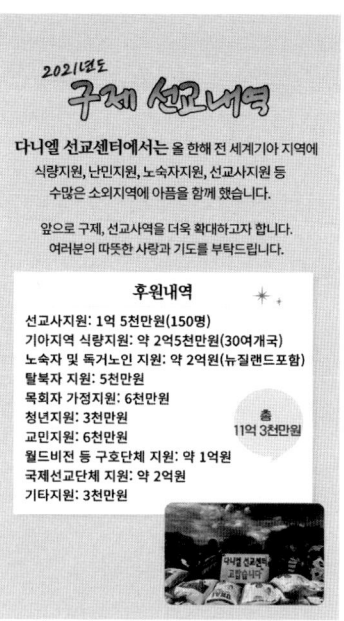

지난 한 해 구제선교 내역

나눔의 대상이 없고 나눔의 실천이 없기 때문이다. 세상에는 빼앗으며 살아도 궁핍하게 사는 사람이 있고, 나누며 살아도 풍성한 사람이 있다. 베푸는 마음, 베푸는 생활, 그리고 더불어 사는 생활 속에 하나님의 복이 있고 행복이 있다.

구제는 성도로서 반드시 해야 할 의무이다. 성경은 크게 두 가지를 가르친다. 이웃 사랑과 하나님 사랑이다. 사실 이 두 가지는 분리할 수 없는 하나의 계명이다. 하나님을 사랑하는 사람이 어떻게 이웃을 사랑하지 않겠는가? 이웃 사랑의 첫걸음은 구제이다. 구제가 없는 이웃 사랑은 한낱 공허한 외침에 불과하다.

"너는 반드시 그에게 줄 것이요, 줄 때에는 아끼는 마음을 품지 말 것이니라 이로 말미암아 네 하나님 여호와께서 네가 하는 모든 일과 네 손이 닿는 모든 일에 네게 복을 주시리라" 신 15:10

하나님께서는 큰 구제를 원하지 않으신다. 냉수 한 그릇의 나눔을 원하신다. 냉수 한 그릇, 지극히 작은 것이다. 큰 집, 좋은 시설, 굉장한 대접, 그런 것을 바라지 않으신다. 이 냉수 한 그릇처럼 작은 것 하나가 없어 절망하고 죽어가는 형제들이 있기 때문이다.

"또 누구든지 제자의 이름으로 이 작은 자 중 하나에게 냉수 한 그릇이라도 주는 자는 내가 진실로 너희에게 이르노니 그 사람이 결단코 상을 잃지 아니하리라 하시니라" 마 10:42

하나님은 반드시 우리의 구제를 기억하시고 보상해 주신다. 냉수한 그릇이라도 절대로 상을 잃지 아니하리라고 하셨다. 이 작은 선행으로도 우리는 의인의 상을 받는다. 나와 내 가족의 복된 미래를위해 세상의 부를 늘리려는 것은 어리석은 행동이다. 우리의 복된 미래는 하나님의 말씀을 순종할 때에 하나님께서 주시는 선물이다.

"선을 행하고 선한 사업을 많이 하고 나누어 주기를 좋아하며 너그러운 자가 되게 하라 이것이 장래에 자기를 위하여 좋은 터를 쌓아 참된 생명을 취하는 것이니라" 딤전 6:18-19

구제는 내가 쓰고 남은 것으로 하는 것이 아니다. 여유가 생겨서 하려면 절대로 할 수가 없다. 성경에 한 부자 청년이 영생을 얻는 방법을 얻기 위해 주님을 찾아왔다가 '네 소유를 팔아 가난한 자들에게 주라'는 말씀에 영생을 포기하고 돌아가는 장면이 나온다.

> "예수께서 이르시되 네가 온전하고자 할진대 가서 네 소유를 팔아 가난한 자들에게 주라 그리하면 하늘에서 보화가 네게 있으리라 그리고 와서 나를 따르라 하시니 그 청년이 재물이 많으므로 이 말씀을 듣고 근심하며 가니라" 마 19:21-22

적어도 구제를 하려면 내 것을 희생해야 한다. 그럴 때에 하나님께서 부어 주시는 은혜를 체험할 수 있다.

믿음은 종교의식이 아니고 경건의 흉내도 아니다. 행함이 없는 믿음은 믿음이 아니다. 아무리 믿음을 외치고 사랑을 외쳐도 내 이웃의 배고픔의 아픔을 함께 느끼지 못한다면 이것은 다 위선이요, 거짓이요, 외식이다. 구제를 좋아하면 반드시 하나님이 주시는 부요함을 누리게 된다. 하나님의 말씀은 이루어지지 않는 것이 없다.

> "흩어 구제하여도 더욱 부하게 되는 일이 있나니 과도히 아껴도 가난하게 될 뿐이니라 구제를 좋아하는 자는 풍족하여질 것이요 남을 윤택하게 하는 자는 자기도 윤택하여지리라" 잠 11:24-25

구제를 좋아하는 자에게는 자손 대대로 복을 내려 주신다. 자식들을 위해 이것보다 복된 길이 어디 있겠나? 내 자식이 진정 이 땅에서 복된 자로 살기 원하면 어려운 이웃을 돌보아야 한다. 이것이 내가 살고 내 가족이 복되게 사는 길이다.

> "내가 어려서부터 늙기까지 의인이 버림을 당하거나 그의 자손이 걸식함을 보지 못하였도다 그는 종일토록 은혜를 베풀고 꾸어 주니 그의 자손이 복을 받는도다" 시 37:25-26

69.
성경적 물질관

　인간은 누구나 부요함을 누리기를 원한다. 어쩌면 부요함을 위해 일생을 바치는지도 모른다. 우리를 향한 하나님의 뜻도 부요함이지 가난이 아니다. 하나님은 하나님의 자녀들이 아브라함처럼 부요하게 살기를 원하신다. 세상의 어떤 부모도 자식이 빌어먹고 꾸어 사는 것을 원하지는 않는다. 그런데 왜 하나님의 자녀라는 우리가 물질 때문에 허덕이고 물질로 인해 눈물 흘리며 살아야 하는가? 천지를 지으신 하나님께서 하나님의 자녀에게 마음껏 주실 수 있는데 왜 우리 삶에 늘 빈곤이 떠나지 않을까?
　우리가 올바른 물질관을 가지고 살지 않기 때문이다. 세상 사람들은 세상의 경제 원리에 따라 살아가지만 우리 하나님의 자녀들은 하나님의 법칙을 따라 살아야 한다. 그러기 위해서 우리는 하나님의 법칙을 분명하게 알아야 한다.

　가장 먼저, 물질의 주인은 하나님이심을 인정해야 한다. 하나님이 주시지 않는 물질은 없다. 여기서부터 잘못된 물질관을 가지니 물질에서 자유롭지 못하다. 대부분의 성도들은 내가 애쓰고 노력해서 물질을 모은다고 생각한다. 절대로 그렇지 않다. 물질은 은혜로 우리에게 주어지는 것이다.

> "그러나 네가 마음에 이르기를 내 능력과 내 손의 힘으로 내가 이 재물을 얻었다 말할 것이라 네 하나님 여호와를 기억하라 그가 네게 재물 얻을 능력을 주셨음이라 이같이 하심은 네 조상들에게 맹세하신 언약을 오늘과 같이 이루려 하심이니라" 신 8:17-18

　하나님은 스스로 인생의 주인이 되어 살아 보려는 인간의 노력을 악이라고 하셨다. 이스라엘이 멸망한 이유 중의 하나도 인생의 주인 되신 하나님을 버리고 자기 힘으로 살려고 한 죄 때문이었다. 아무리 내가 애쓰고 노력해도 하나님이 주시지 않으면 헛된 수고가 된다.

> "내 백성이 두 가지 악을 행하였나니 곧 그들이 생수의 근원되는 나를 버린 것과 스스로 웅덩이를 판 것인데 그것은 그 물을 가두지 못할 터진 웅덩이들이니라" 렘 2:13

우리는 먼저 물질의 주인이 하나님이심을 인정하고 하나님 앞에 겸손해야 한다. 그리고 하나님의 도움을 간구해야 한다. 우리는 부하고자 하는 마음을 가지면 안 된다. 부자가 되고자 하는 마음은 사람을 멸망의 길로 이끈다. 아무리 부자가 되려고 애를 써도 될 수도 없고 결국은 그 욕망으로 인해 자신을 파멸하게 된다.

"부하려 하는 자들은 시험과 올무와 여러 가지 어리석고 해로운 욕심에 떨어지나니 곧 사람으로 파멸과 멸망에 빠지게 하는 것이라" 딤전 6:9

우리는 하나님보다 돈을 더 사랑하면 안 된다. 돈을 사랑함은 자기를 근심으로 몰아넣는 멸망의 길이다. 한순간도 하나님이 주시는 평안을 누릴 수가 없다.

"돈을 사랑함이 일만 악의 뿌리가 되나니 이것을 탐내는 자들은 미혹을 받아 믿음에서 떠나 많은 근심으로써 자기를 찔렀도다" 딤전 6:10

우리는 오직 하나님에게만 소망을 두어야 한다. 하나님은 우리의 아버지이시고 우리의 필요를 다 채워 주시는 분이시다. 세상이 뒤집어져도 환경을 초월하여 우리를 복되게 해주시는 분이시다. 하나님에게만 소망을 두고 살면 반드시 하나님이 책임지신다.

> "네가 이 세대에서 부한 자들을 명하여 마음을 높이지 말고 정함이 없는 재물에 소망을 두지 말고 오직 우리에게 모든 것을 후히 주사 누리게 하시는 하나님께 두며" **딤전 6:17**

그리고 현재에 감사하고 만족하는 마음을 가지고 살아야 한다. 모든 상황은 하나님께서 주신 것이다. 아무리 어려운 상황이 와도 인간적인 방법으로 살아서는 안 된다. 주어진 상황 속에서 하나님만 바라보고 자족하고 감사할 때에 하나님의 역사가 일어난다. 바울과 실라가 빌립보 감옥에서 매를 맞으면서도 밤새 하나님을 찬양하고 기도했을 때에 옥문이 열리는 기적이 일어났다. 현재 아무리 상황이 어려워도 하나님만 의지하고 감사하고 자족하면 경제의 옥문은 반드시 열린다.

> "그러나 자족하는 마음이 있으면 경건은 큰 이익이 되느니라 우리가 세상에 아무 것도 가지고 온 것이 없으매 또한 아무 것도 가지고 가지 못하리니 우리가 먹을 것과 입을 것이 있은즉 족한 줄로 알 것이니라" **딤전 6:6-8**

무엇보다 하나님이 나에게 주신 물질을 가지고 선을 행하여야 한다. 물질의 적고 많음을 떠나서 선을 위해 사용할 때에 내 경제적 미래를 하나님이 책임지신다. 물질을 가지고 자기의 유익만을 위해 살기 때문에 물질의 복을 누리지 못하는 것이다. 물질의 복을 받으려면 먼저 선한 그릇이 되어야 한다. 우리는 선한 일을 하도록 창조된 자들이다. 창조의 목적에 부합된 삶을 살 때에 하나님의 역사가 내 삶에 임한다.

> "우리는 그가 만드신 바라 그리스도 예수 안에서 선한 일을 위하여 지으심을 받은 자니 이 일은 하나님이 전에 예비하사 우리로 그 가운데서 행하게 하려 하심이니라" **엡 2:10**

하나님이 주신 불변의 진리가 있다. 바로 심은 대로 거둔다는 법칙이다. 이것은 하나님의 공의의 법칙이다. 이 말씀이 있기에 우리는 물질에 대해 염려할 필요가 없다. 말씀에 따라 의를 위하여, 선을 위하여, 하나님의 영광을 위하여 심기만 하면 반드시 심은 대로 갚아 주신다.

하나님의 말씀은 거짓이 없다. 반드시 그대로 이루어진다. 세상의 법칙은 절대로 심은 대로 거두지 못한다. 주식에 투자하여 수익이 나기를 기다리는 인생만큼 어리석은 인생이 없다. 주식에 투자할 돈이 있으면 선을 위하여 심어라. 반드시 풍성한 열매를 거둘 것이다.

> "심는 자에게 씨와 먹을 양식을 주시는 이가 너희 심을 것을 주사 풍성하게 하시고 너희 의의 열매를 더하게 하시리니" **고후 9:10**

특별히 하나님은 구제를 기뻐하시고 큰 복을 주신다. 성경은 구제하라고 강하게 가르치고 있다. 또한 구제가 물질 축복의 통로임을 말하고 있다. 그러므로 물질의 복을 누리려면 인색하지 말고 넉넉히 구제해야 한다.

> "흩어 구제하여도 더욱 부하게 되는 일이 있나니 과도히 아껴도 가난하게 될 뿐이니라 구제를 좋아하는 자는 풍족하여질 것이요 남을 윤택하게 하는 자는 자기도 윤택하여지리라" 잠 11:24-25

나는 평생 이 말씀을 믿고 행하며 살았다. 한 번도 하나님의 말씀대로 이루어지지 않은 적이 없다. 분명 여기에 이의를 제기하는 분들도 있을 줄 안다.

"그러면 왜 바울이나 엘리야 같은 사도와 선지자들은 그렇게 가난하게 살았는가?"

"왜 초대교회 교인들은 극한 가난 속에 죽어 갔는가?"

물론 개인마다 하나님의 특별한 뜻이 있으시다. 주님의 일을 감당하는 데에 가난이 유익하면 가난도 주신다. 오늘 내가 간절히 전하고자 하는 것은 일반적이고 보편적인 성경적 물질관이다. 각자에 대한 하나님의 특별한 계획은 내가 알 수 없으나, 성경은 그리스도인들이 올바른 물질관을 가지도록 가르친다.

이 성경적 원리에 따라 하나님이 내려 주시는 물질의 복을 풍성히 누리는 모두가 되기를 간절히 소망해 본다.

"우리 아들들은 어리다가 장성한 나무들과 같으며 우리 딸들은 궁전의 양식대로 아름답게 다듬은 모퉁잇돌들과 같으며 우리의 곳간에는 백곡이 가득하며 우리의 양은 들에서 천천과 만만으로 번성하며 우리 수소는 무겁게 실었으며 또 우리를 침노하는 일이나 우리가 나아가 막는 일이 없으며 우리 거리에는 슬피 부르짖음이 없을진대 이러한 백성은 복이 있나니 여호와를 자기 하나님으로 삼는 백성은 복이 있도다" 시 144:12-15

70. 나의 소망

뉴질랜드에서 신학 공부를 할 때 경제적으로 참 어려웠다. 그때 대학 동기가 돈 1천 달러를 보내 주었다. 그의 동생이 이곳에 영어 연수를 왔는데 내가 잘 정착하도록 도와주어서 고맙다고 보낸 돈이었다. 그때 1천 달러가 얼마나 큰 위로가 되었는지 모른다. 그러면서 마음속에 이런 생각이 강하게 들었다.

'매달 누군가 1천 달러씩만 후원해 줘도 숨통이 트이겠다!'

혹시 조금씩 도와줄 사람이 있는지 찾아봐야겠다는 마음이 들었다.

그런데 나의 마음에 이런 생각이 있는 것을 알아챘을 때 심히 혼란스러웠다. 나는 직장도 그만두고 남은 생애는 주를 위해 살겠다고 죽을 각오로 이곳까지 왔다. 그리고 늦은 나이에 어렵게 신학 공부를 하고 있으면서 겨우 돈 몇 푼 후원받으려고 사람들의 도움을 생각하고 있는 내 모습이 너무 충격적이었다. 곧바로 하나님 앞에 회개했다.

"하나님, 저는 일평생 사람에게 도움 받지 않겠습니다. 오직 하나님이 주시는 것으로만 선교하며 살겠습니다. 다시는 사람을 의지하지 않게 하여 주시옵소서."

간절히 기도했다. 그 뒤로 내 마음은 참으로 평안했다. 늘 하나님만 바라보고 하나님에게만 도움을 간구했다. 하나님께서 나의 간절한 소원을 외면하지 않으시고 지금까지 물질의 기적을 보여 주셨다.

요즘은 늘 내 마음을 짓누르는 한 가지 생각이 있다. 하나님이 주신 이 모든 물질을 어떻게 지혜롭게 다 나누고 가느냐 하는 것이다. 돈을 버는 것도 관리하는 것도 어렵지만, 이것을 지혜롭게 나누는 것이 가장 어려운 일 같다. 벌써 은퇴할 나이가 가까이 왔으니 앞으로 나눌 시간이 그렇게 많지가 않다.

그러므로 앞으로의 10년을 생각하며 여러 가지 나눔 사역을 계획하고 있다. 먼저 현재 진행 중인 기아지역 양식 나눔 사역은 더욱 확장하려고 한다. 그리고 코로나가 진정되면 더 많은 선교지를 방문하여 어려운 이들에게 직접 나누고 싶다.

또 하나는 선교지 원주민 목회자들에게 성경적 물질관을 가르치고 싶다. 어려운 지역일수록 목회자들이 하나님보다 물질에 더 마음을 쏟고 있기 때문이다.

그리고 요즘 미래가 보이지 않는 현실에 절망하고 힘들어 하는 청년들을 더 돌보려고 한다. 시대를 잘못 만나 인생의 모든 아픔을 안고 하루하루 버텨 내고 있는 청년들의 아픔을 조금이라도 덜어 주고 싶다. 지금 진행하고 있는 청년 지원금을 더 확대하고, 수원에 하나밖에 없는 청년들을 위한 무료 장학관도 더 많이 세우고 싶다. 그들의 아픔을 함께하고 눈물을 닦아 주는 작은 위로자가 되고 싶다.

지금 아름답게 진행되고 있는 수원역 노숙자 사역도 좀 더 체계적으로 하려고 한다. 수원역뿐 아니라 우리의 손길이 필요한 곳을 더 찾아서 그분들의 필요를 채워 주되, 단순히 물품만을 채워 주는 것이 아니라 그분들의 아픔까지 공감하고 다독여 주며 진정한 친구가 되어 주고 싶다.

오랫동안 늘 마음에 품고 있었던 또 하나의 소망이 있다. 한국 땅에 소외된 분들을 위한 교회를 세우는 것이다. 물론 우리 수원나눔센터에도 독거노인들을 위한 교회가 세워져 있으나 내가 소망하는 교회는 좀 더 특별한 교회다. 아픈 자들을 돌보고 상처 입은 자들의 눈물을 닦아 주고 굶주린 자들에게 배를 채워 주며 영원한 천국의 소망을 심어 주는, 초대교회 같은 참 교회를 세우고 싶다.

이 사역을 감당할 시설을 갖춘 규모가 있는 교회를 가슴에 품고 있다. 눈치를 보며 교회에 와서 몇 푼 얻어 가는 그런 교회가 아니라, 소외된 이들이 주인이 되어서 마음껏 하나님을 섬길 수 있는 교회를 만들고 싶다.

하나님의 계획은 어디에 있는지는 모르지만 지금까지 무(無)에서 모든 것을 이루어 주셨던 하나님의 기적의 역사를 기대하고 있다.

또 뉴질랜드 땅에서 이루어지고 있는 교육 선교와 크리스천 캠프장 사역도 놀랍도록 많은 열매를 맺고 있다. 남은 생애 동안 힘을 다하여 맡겨 주신 사역에 최선을 다할 것이다. 내가 간절히 원하는 것 하나는 하나님 앞에 설 때에 "착하고 충성된 종", 이 한마디 듣는 것이다.

> "내가 달려갈 길과 주 예수께 받은 사명 곧 하나님의 은혜의 복음을 증언하는 일을 마치려 함에는 나의 생명조차 조금도 귀한 것으로 여기지 아니하노라" 행 20:24

감사의 글

　이 책을 쓰게 된 이유는 많은 그리스도인들이 물질의 주인 되신 하나님을 망각하고 인간적인 방법으로 돈을 벌려고 애를 쓰는 모습이 너무 안타까워서였다. 그리고 바른 성경적 물질관을 가지고 살아감으로 하나님이 내려주시는 물질의 복을 풍성히 누리도록 하기 위함이었다. 그러나 책을 써 내려가는 중에 말로 할 수 없는 큰 감동과 은혜를 누리게 되었다. 뒤돌아보니 한평생 하나님의 은혜가 얼마나 컸는지 모른다. 벅찬 감동과 감사로 책을 쓰는 내내 눈시울을 적셨다. 그리고 이스라엘 민족이 모압 평지에서 가나안 입성을 앞두고 있을 때에 모세가 그들에게 하나님의 은혜를 잊지 않도록 신신당부했던 말이 내 마음을 떠나지 않았다.

　　이 사십 년 동안에 네 의복이 해어지지 아니하였고 네 발이 부르트지 아니하였느니라 신 8:4

여호와께서 그를 황무지에서, 짐승의 부르짖는 광야에서 만나시고 호위하시며 보호하시며 자기의 눈동자같이 지키셨도다 마치 독수리가 자기의 보금자리를 어지럽게 하며 자기의 새끼 위에 너풀거리며 그의 날개를 펴서 새끼를 받으며 그 날개 위에 그것을 업는 것 같이 여호와께서 홀로 그를 인도하셨고 그와 함께 한 다른 신이 없었도다 신 32:10-12

내 삶을 뒤돌아보니 한순간도 하나님의 은혜가 없었던 적이 없었다. 인간의 말로는 표현할 수 없는 큰 기적 속에 살아왔다. 하나님이 베풀어주신 분에 넘치는 은혜와 사랑에 온 마음을 다하여 감사와 찬양을 올려드린다. 나는 이 책을 통하여 우리 인생의 주인 되시고 이 땅의 삶 속에 우리에게 가장 복된 날을 주시기를 원하시는 우리 하나님을 모두에게 알리고 싶다. 이것이 나의 간절한 바람이다.

책을 마치고 보니 참 감사한 사람이 많다. 이 사역의 열매를 보기까지 가장 애써준 사람은 아내와 아들, 며느리이다. 묵묵히 순종하고 평생을 따라와 주었기에 오늘의 열매가 있었다. 그리고 최선을 다해 섬겨준 정재식 목사님을 비롯한 우리 사역자들의 헌신이 너무 감사하다. 누구도 하기 힘든 일들을 몸 사리지 아니하고 기쁨으로 감당해준 모두에게 깊은 감사를 전한다. 또한 한 편 한 편 글이 완성될 때마다 가장 기뻐하고 감격해 주었던 이병기, 한순화 집사님에게도 깊은 감사를 전한다. 그리고 특별히 감사한 것은 쿰란출판사 대표이신 이형규 장로님의 큰 배려와 사랑이다. 지금까지 3권의 책을 출간하는 데에 큰 도움을 주셨다. 누구보다 이 귀한 간증들을 알리려고 애를 써주셨다. 그리고 이 책이 나오기까지 애써주신 출판사 모든 분들에게도 깊은 감사를 드린다.

무엇보다 부족한 글들을 고정 칼럼으로 연재해주신 코람데오 닷

컴 대표 김대진 목사님에게도 깊은 감사를 드린다.

　마지막으로 다 언급은 하지 못하지만 이 사역을 위해 애쓰며 기도해준 모든 분들에게 진심으로 감사의 마음을 전한다.

이은태 목사의 재물 이야기

1판 1쇄 발행 _ 2022년 3월 11일
1판 8쇄 발행 _ 2022년 5월 6일

지은이 _ 이은태
펴낸이 _ 이형규
펴낸곳 _ 쿰란출판사

주소 _ 서울특별시 종로구 이화장길 6
편집부 _ 745-1007, 745-1301~2, 747-1212, 743-1300
영업부 _ 747-1004, FAX 745-8490
본사평생전화번호 _ 0502-756-1004
홈페이지 _ http://www.qumran.co.kr
E-mail _ qrbooks@daum.net / qrbooks@gmail.com
한글인터넷주소 _ 쿰란, 쿰란출판사
페이스북 _ www.facebook.com/qumranpeople
인스타그램 _ www.instagram.com/qrbooks
등록 _ 제1-670호(1988.2.27)
책임교열 _ 이화정·김유미

© 이은태 2022   ISBN 979-11-6143-693-7 03230

책값은 뒤표지에 있습니다.
이 출판물은 저작권법에 의해 보호를 받는 저작물이므로 무단 복제할 수 없습니다.
파본(破本)은 구입처에서 교환해 드립니다.

다니엘 선교센터 진행사역
Daniel Mission Centre

뉴질랜드

교육 사역
Auckland Edinburgh College를 세워 영어를 전문적으로 가르치며 교육생들에게 복음전파의 기회를 삼고 있습니다.

교회 사역
Auckland International Church 를 설립하여 뉴질랜드 내에 있는 다민족들이 함께 예배하는 공동체 사역을 진행하고 있습니다.

국제선교 사역
New Zealand Mission Centre를 설립하여 세계적인 성경번역 선교단체인 Wycliffe를 시작으로 총 17개 국제 선교단체를 지원하고 있습니다.

장학관 사역
한국 및 전세계에서 뉴질랜드로 유학 오는 청년들을 위한 장학관을 세워 안전한 유학생활을 돕도록 현재 총 14개의 장학관이 운영되고 있습니다.

장학생 사역
MEC(Mission English Course) 사역을 통해 매년 한국의 기독청년들에게 지난 20년간 매 해 200여명씩 장학금을 주어 영어연수와 선교의 기회를 제공하고 있습니다.

선교 비즈니스 사역
Pukekohe Mega Centre를 운영하여 얻게 되는 모든 수입원들이 선교를 지원할 수 있도록 돕고 있습니다.

오클랜드 시티 노숙자 사역
오클랜드 시티에 방문하여 거리에서 생활하는 많은 노숙자들에게 사랑의 손길을 전달하며 그리스도의 복음을 전하는 귀한사역을 감당하고 있습니다.

국제 구호단체 지원 및 해외선교 사역
아프리카, 캄보디아, 네팔, 바누아투 등 30여 개국 식량지원 및 월드비젼을 비롯한 국제구호 기관을 지원하고 있습니다.

크리스챤 캠프 사역
다니엘 크리스챤 캠프는 바닷가 약 2만평에 세워진 아름다운 곳으로 크리스천들의 영적훈련 장소로 귀하게 쓰임받고 있습니다.

한국

수원 다니엘 나눔센터 사역
수원 다니엘 나눔센터를 설립하여 노숙자, 독거노인 등 사랑의 손길이 필요한 분들에게 따뜻한 음식과 사랑의 손길을 통해 그리스도의 복음을 전하고 있습니다.

장학관 운영
어려운 청년들이 무료로 머물며 신앙훈련과 선교사역에 동참할 수 있도록 장학관을 운영하고 있습니다.

탈북자 사역
탈북자 학교와 학생들에게 장학금과 생활비를 지원해주고 있으며 뉴질랜드 유학을 통해 영어연수와 영적훈련의 기회를 제공하고 있습니다.

 문의

담당 정재식 목사　Email jjsdavid@hotmail.com　카톡 jjsdavid
학교홈페이지 www.nzaec.com
학교페이스북 www.facebook.com/aecnz　MEC페이스북 www.facebook.com/mecnz

하나님의 살아 계심을 증거하는 기적의 삶
이은태 목사 집회문의

이은태 목사님의 집회는 지금도 생생하게 살아 역사하시는 하나님의 기적을 통해서 성도들에게 강한 믿음의 도전을 주게 됩니다. 해마다 국내집회와 해외집회 일정이 잡혀 있으니 문의를 통해서 이 귀한 축복의 기회를 얻으시기 바랍니다.

New Zealand Mission Centre 설립
뉴질랜드 선교센터 이사장
Auckland Edinburgh College 이사장
Auckland International Church 담임목사
Daniel Christian Camp 이사장
수원 다니엘 나눔센터 이사장
"재벌 하나님, 나의 아버지" (대성출판, 2011) 저자

〈주요활동〉

방송선교사역
- CBS 새롭게 하소서 3회 출연 (간증소개)
- 기독교TV 출연 (사역소개 및 '내가 매일 기쁘게' 간증)
- 극동방송 출연 (하나 되게 하소서)
- CC Channel TV 출연 (내 모습 이대로)
- 국민일보 10여회 사역소개
- 미국 Seattle TV 및 Radio 출연 (간증방송)
- 호주 최대 기독교 Magazine "Alive"에 사역소개
- 뉴질랜드 Baptist신문 사역소개, 뉴질랜드 World TV 간증소개
- 뉴질랜드 Christian Life 및 Christ Radio 사역소개

학교사역
- 연세대, 경북대, 한동대, 계명대, 총신대, 고신대, 한일장신대, 백석대, 장신대, 그리스도대학 및 해외 신학대학 초청집회

간증집회사역
- 미국, 독일, 오스트리아, 스위스, 호주, 뉴질랜드, 태국 등에서 집회인도
- 여의도 순복음교회, 부산 수영로교회, 안산 동산교회, 부산 호산나교회, 전주 안디옥교회, 부산 세계로교회, 오륜교회, 침례교 연합 청년집회 강사 등 매년 국내 80회 이상 집회인도
- 뉴질랜드 중국인 교회 연합집회 강사
- KOSTA 강사
- New Zealand Elim Bible College 강사

장학사업 및 선교사업
- 목회자 자녀 및 기독청년에 장학금 지원
  (6개월 과정, 매년 200명, 현재까지 2300여명 연수)
- 탈북학생 장학사업
- 해외 선교사역
  '아프리카를 비롯한 30여개국에 양식지원 프로젝트 시행'

집회문의 | 담당 정재식 목사 카카오톡 jjsdavid 문의전화 +64 21 240 7711
              이메일 jjsdavid@hotmail.com 홈페이지 www.nzaec.org

뉴질랜드 MEC
영어·선교장학생 모집

MEC 영어·선교장학생

뉴질랜드 Auckland Edinburgh College에서는 영어교육과 아울러 선교에 헌신하고자 하는 MEC(Mission English Course) 영어·선교 장학생을 다음과 같이 모집합니다.

모집요강

- **대상 1 :** 목회자(교역자/선교사)자녀
- **대상 2 :** 세례교인 이상으로 선교에 헌신할 자
- **모집인원 :** 200여명/년 (상반기, 하반기 연 2회 모집)
- **장학혜택 :** 전액 영어·선교 장학생(6개월 학비 전액지원)
  반액 영어·선교 장학생(6개월 학비 반액지원)
- **선교사역 :** 외국학생 선교, 뉴질랜드 아웃리치, 한글교육 및 클럽활동을 통한 선교, 로토루아 캠프, 양로원 봉사활동 등
- **영어연수 :** Full Time 수준별 전문 12단계 집중영어연수 Courses
- **지원방법 :** AEC 홈페이지 공지사항 참조 http://www.nzaec.com
- **문의사항 :** 이메일 nzmec2000@gmail.com / 카톡 aecnz
  Ph +64 9 912 7980(뉴질랜드 학교) / Fax +64 9 263 7577

월 만원 나눔사랑 후원운동

독거노인, 노숙자, 어려운 이웃들을 돕기위한
'월 만원 나눔사랑 후원운동'에 여러분의 따뜻한 동참을 바랍니다.

나눔은 축복의 통로

가난한 자를 보살피는 자에게 복이 있음이여
재앙의 날에 여호와께서 그를 건지시리로다 (시편41:1)

우리의 작은 나눔이 어려운 분들을 살립니다

후원문의 | 박세진목사 ☎ 010 8700 7619 💬 daeshin03
수원시 장안구 장안로 63 (녹원빌딩 7층)

후원계좌 | 국민은행 227501-04-426651
(나눔교회)